為什麼現在的我們對未來如此不安？

寫給年輕人的經濟現況——
找回你的人生原力！

なぜ今、私たちは未来をこれほど不安に感じるのか？

数千年に一度の経済と歴史の話

松村嘉浩——著
林詠純——譯

目次 Contents

Prologue

冷門研究室的
數理經濟學家

繪玲奈是一名大學生，就讀於湊川大學經濟系。

湊川大學經濟系從二年級下學期開始進入專業課程，由於三年級開始就必須接受畢業論文的指導，所以在二年級升三年級的時候要選擇自己想研究的專業科目，並且申請想進入的研究室。

熱門的研究室大致來說就是那幾個，或許大家在面試的時候都會對教授說「我對教授的研究領域感興趣」，但是真正想學習的學生根本沒幾個。事實上，大家會選擇這些研究室，大概都因為教授是會上電視的名人，以後可以自豪地寫在履歷表上，或者教授曾將學長姊送進知名企業，有了這層關係找工作更有利等等。

申請這些研究室的人當然都超過規定的錄取人數，所以教授首先會進行書面審查，並且視情況舉行面試。校園內流傳著各式各樣的小道消息，譬如某某教授常上電視，行程排得跟藝人一樣，而且在研究室的聯誼會上常看到他身邊跟著可愛的女孩子，所以據說面試對可愛的女孩子比較有利。又譬如某某教授只收運動社團的學生、某某教授特別重視成績，成績單上的「優等」沒有超過一定數量就進不去等等。學生為什麼會這麼認真地蒐集情報呢？因為熱門的研究室通常在第一階段選拔就會收滿學生，如果這時候落榜的話，就只能進入不那麼熱門的研究室。

不過，繪玲奈隸屬的湊川大學經濟系把論文指導課換算成八個學分，所以即使不選修論文指導，只要再修滿八個學分還是可以畢業，所以也有一些學生選擇不進研究室，因為他們覺得與其被為期兩年的論文指導課綁住，還不如到海外遊學更有意義。但這樣的學生畢竟還是少數。

繪玲奈在第一階段的選拔中，根據可愛的女孩子比較容易進去的傳聞，申請了某位藝人教授的研究室。繪玲奈雖然長得不是非常可愛，但她自己覺得也算夠可愛了。

但是，繪玲奈落榜了……雖然也不可能去問教授自己落榜是因為長得不可愛，還是不符合教授喜歡的類型，但對於原本懷著一定自信的她造成不小的打擊。繪玲奈安慰自己或許落榜不是因為外表的關係，而是因為成績太差。雖然她的自我安慰聽起來有點怪。

沮喪的繪玲奈在不得已之下，只好在第二次選拔時申請經濟史研究室。這個研究室雖然研究的內容無趣，但因為讀起來輕鬆，所以評價也還不錯。

然而，這次竟然也落榜了。

這次確實是因為成績太差的關係吧？因為只有書面審查。

公布欄貼出的榜單上頭，沒有繪玲奈的名字。

繪玲奈有氣無力地走出系館。經濟系館建在山腰，從系館可以俯瞰山腳下的港都，以及一望無際的大海，景色十分美麗。

晴朗的春天視野特別好，但這幾乎可以納進約會行程的美景，看在繪玲奈的眼中，也只覺得空虛。

繪玲奈拿出手機，打開ＬＩＮＥ，傳訊息給從國、高中時代就在一起的好友沙織。

繪玲奈 研究室落榜了。

沙織 真假?這也太扯了吧!

繪玲奈 雖然很扯,但它就是發生了。

沙織 怎麼辦?妳不進研究室了嗎?

繪玲奈 變成這樣也只能考慮這個選項了。因為我又笨又不可愛,我是廢渣……

沙織 才沒有這種事,不過早知道就應該用功一點,多拿一點分數比較好!

經濟系館是大正時代(二十世紀初)興起的當地新興財團捐贈的,厚重的建築物散發出歷史感。系館內有一間咖啡廳,雖然是學生餐廳,卻裝潢得頗有氣氛。繪玲奈走進咖啡廳,找了張椅子攤坐下來。

沙織　還有其他沒收滿的研究室嗎？

繪玲奈　有。

沙織　哪裡？

繪玲奈　內村研究室。

沙織　我的天，幫妳默哀，哈哈哈。

繪玲奈　嗚嗚，不要這樣說，不要拋下我嘛！

沙織　那裡對妳來說太勉強了！

繪玲奈　對啊。唉，這樣還是乾脆休學，到國外留學好了。

沙織　不過是研究室而已，不用這樣自暴自棄吧！

繪玲奈　也是。

沙織　總之，我後天要辦聯誼，妳要不要來轉換一下心情？

繪玲奈　雖然心情很沮喪，但還是要參加。不過我又笨又不可愛，沒問題嗎？

沙織　妳夠了喔，哈哈。

「內村教授，主修數理經濟學。MIT的Ph.D.……」

繪玲奈自言自語地說著，腦中浮現出內村教授戴著眼鏡、一頭亂髮，明明是經歷過泡沫時代的四、五十歲大叔，卻總是穿著土里土氣的衣服，一副阿宅的身影。

內村教授開設的數理經濟學課，雖然和大部分教授一樣使用自己寫的著作當教材，但以大學生的程度來看卻太過艱澀，不是學生可以跟得上的內容。儘管如此，只要有去上課就幾乎都能過，算是營養學分，對於需要學分的學生來說也頗受歡迎。但是在論文指導方面，過去從來沒有學生會狂熱到特意選擇阿宅教授的研究室，研究數理經濟學。所以內村教授一直沒有收過研究生。換句話說，這個研究室也沒有能夠提攜後進的學長姊，進去之後將離人群越來越遠。

一個女孩子進去這樣的研究室，和阿宅教授一對一討論，而且還是

MIT（麻省理工學院）
美國首屈一指的菁英名校之一。許多著名的經濟學者都從這所學校畢業。

Ph.D.
博士的意思。

意義不明的數理經濟學，要這樣過兩年。

「絕對不行……我的大學生活……」一想到這裡，繪玲奈就打了一個冷顫。

◆　◆

繪玲奈在兩天後的下午一點左右到教務處辦手續。

「那麼御影同學，妳要選內村研究室對吧？」

處理行政工作的女性職員確認文件，並進行登錄。

兩天前，繪玲奈與好友沙織在聯誼結束之後，到最近頗受歡迎的一家咖啡廳喝飲料。

「不過呢，先進內村研究室看看也不錯吧？」

「妳是認真的嗎？」

「反正如果不喜歡的話，中途退選就好了。說不定和內村教授的課一樣，可以輕鬆拿到學分呢！」

「妳是因為事不關己才這麼講吧？我哪有辦法獨自跟著那樣的阿宅教授做兩年研究，而且還是莫名其妙的數理經濟學。」

「雖然妳說的沒錯，但是不進去也不知道結果怎麼樣吧？這是免費的選擇權呀。」

「什麼免費的選擇權？」

「就是失敗了也沒有損失，但要是成功了，還能獲利。選擇權是要花錢買的一種金融商品，不過這卻不用成本，這是做交易員的前男友告訴我的。反正妳想想，內村教授的論文指導說不定像他上課一樣，什麼都不做就可以拿到學分。如果不行的話，也只要退掉，再修其他八個學分就好了。妳不用花成本就有拿到學分的可能性，不去登錄一下太可惜了。」

「聽妳這麼一說好像也有點道理……我再考慮一下……」

繪玲奈最後雖然行使了沙織口中的免費選擇權，但是一想到下禮拜要開始上論文指導課，就覺得心情沉重。

◆　◆

論文指導課的第一天，繪玲奈前往指定教室。

「不好意思。」

繪玲奈打開教室的門，內村教授已經先到教室，坐在椅子上了。

「妳好，我是內村，妳是御影同學吧？妳就隨便挑個位子坐吧！」

「好的。」

「那個，妳選過我的課嗎？」

「抱歉，我沒選過。」

怎麼可能選那種課，繪玲奈一邊回答，心裡一邊想。

「這樣的話，我們要怎麼開始比較好呢？總而言之，先選課本吧！御影同學的數學到哪個程度呢？應該至少懂偏微分吧？」

偏微分！果然還是不行。繪玲奈一想到這裡，大腦的某條神經就斷線了。

「內村教授！」

繪玲奈拍桌子猛地站起來，並且大聲說：

「我的數學完全不行，經濟學也聽不懂。抱歉，我既不可愛又不聽明，所以只能進這個研究室！雖然對教授很抱歉，但我還是退掉吧！」

說完之後，繪玲奈準備離開教室。

「請、請等一下。妳冷靜一點聽我說。」

教授匆忙阻止繪玲奈。

「老實說，我的研究室很不受歡迎，妳還是有史以來的第一位研究生。」

這種事情大家都知道，繪玲奈心想。

「如果妳在這時候逃跑的話，我又要創下新紀錄了。這樣實在太難看了，我也會很沒立場。所以可以拜託妳再重新考慮嗎？」

教授的懇求讓事態發展超乎繪玲奈的預料。她心想，說不定真的讓沙織猜中了，反正已經沒有可以失去的東西，想說什麼就說出來吧！

「您說的我了解。但是，我的數學真的不行，這樣也沒關係嗎？」

「我知道了。沒關係，我就教一些不用數學的簡單內容。」

繪玲奈看到教授一副妳說什麼我都聽的態度，心想乾脆就趁這個機會，把想說的事情全部說出來！

「還有，數理經濟學對求職一點幫助都沒有不是嗎？而且我覺得，女孩子的履歷表上寫著主修數理經濟學什麼的，還可能會嚇到面試官，反而帶給他們負面印象。我甚至還考慮，這樣的話不如乾脆出國留學，因為留學所以沒進研究室，聽起來還比較好。」

「原、原來如此……」

教授老實地接受了繪玲奈的威脅。

「所以，如果要讓我留在研究室，可以教我一些實際上有用的東西嗎？讓我在面試的時候可以說出一些聽起來很厲害的內容，讓面試官覺得我很了解狀況，這麼一來，或許可以彌補主修數理經濟學帶來的負面印象。」

繪玲奈抱著姑且一試的心態，提出相當厚臉皮的要求。

「妳的要求有點困難啊……」

教授認真地沉思了一下。

「我了解了。既然如此，總之我們就完全不碰數理經濟學，取而代之的是，我們來談一些關於未來的話題，像上帝一樣從高處俯瞰，觀察這個世界正在發生什麼事、今後會變得怎麼樣，這樣學起來應該會非常淺顯易懂吧！如果能夠增廣見識、理解報紙或電視新聞的意義，我想也能在求職面試時說出一些聽起來很厲害的東西……」

姑且一試的作戰大獲全勝！雖然不知道是怎麼一回事，總之是避開了數理經濟學。不過，為了保險起見，還是再確認一次，繪玲奈心想。

「這樣的話，真的能讓人覺得我是有智慧的女孩子嗎？」

「當然，絕對沒問題。一定會有幫助的！」

教授拍胸脯保證。

真的嗎……繪玲奈雖然有點懷疑，但是看到教授拚命自我推銷的樣子，她心想，就先這樣吧！

「我了解了。還請您多多指教。」

「不過，一定要對其他人保密喔。因為照規定來說，我必須教數理經濟學，總之就拜託妳了。」

教授再三叮嚀，接著他突然換了張有點惡作劇的表情。

「那麼，今天就到這裡結束，下次上課之前，請妳先看**《進擊的巨人》**。」

「該不會是《進擊的巨人》那套漫畫吧？」

數理經濟學家為什麼會叫我看漫畫？繪玲奈因為落差太大，忍不住向教授確認真的是漫畫嗎。

《進擊的巨人》

諫山創創作的日本漫畫作品，後來衍生出小說、動畫、電影等跨媒體創作。截至二〇一五年一月為止，單行本發行量累計突破四千萬本。動畫版主題曲〈紅蓮的弓矢〉伴唱MV很罕見地不提供字幕，但一開

「沒錯，就是《進擊的巨人》那套漫畫。我們先從看漫畫開始。」

出乎意料的發展讓繪玲奈頓時有點茫然。

放點唱就持續占據週排行榜的第一名，掀起了前所未有的社會現象。

漫畫描述建立起繁榮的人類，被突然出現的天敵「巨人」逼迫到瀕臨滅亡的邊緣。殘存的人類建造了由三道城牆構成的巨大城堡，在牆內確保生活圈，辛苦地留下命脈。人類有了城堡的保護而獲得和平的生活，但在大約一百年後，就在人類不知不覺忘記巨人的威脅，沉浸在和平的日常生活時，「超大型巨人」在主角艾連滿十歲那年突然出現。比城牆還高大的巨人破壞城牆入侵，甚至將艾連的母親卡露拉吞食。家人、家園、夢想全被奪去的艾連為了向巨人復仇，決定加入「第一〇四期訓練兵團」。

Seminar No.1

《進擊的巨人》為什麼會爆紅？

人類為了避免巨人侵襲，建造了三道城牆，但最裡層、最安全的席納之牆是王政府與富人居住的地方，年輕的主角們只能住在最外層、最危險的瑪利亞之牆內……

「上回出的作業《進擊的巨人》看了嗎？」

「看了。應該說這部漫畫太紅了，我本來就看過最前面的部分。」

「原來如此。那麼我先從漫畫的特徵開始說明。漫畫和動畫不同，漫畫製作成本低，什麼人都可以參與，所以有廣泛的題材，也容易誕生有才華的新人。因為說得更極端一點，漫畫只要有紙和筆就能創作，與一旦失敗就會蒙受巨大損失，無法輕易冒險的動畫或電影不一樣。所以漫畫界的新人如雨後春筍般地冒出來，甚至掀起社會現象。暢銷漫畫就像一面鏡子，反映出一般世人的心理。如果想知道世界上正在發生什麼事情，就要去追漫畫的趨勢。」

「這樣啊……」

繪玲奈總之先點頭。教授接下來到底想說什麼呢？

「舉例來說，**《原子小金剛》**風行的一九五〇到六〇年代，日本處在高度經濟成長期，人們夢想著科學技術的發展能夠為人類帶來光明的未來，這部漫畫剛好反映出當時的社會風潮。電影《ALWAYS**幸福的**

《原子小金剛》

我想不用特別說明大家也都聽過。這是手塚治虫的科幻漫畫作品，也改編而成動畫。這部作品以二十一世紀的未來為舞台，描述以原子能（核融合）為動力、和人類具有同樣感情的機器人少年原子小金剛活躍的故事。一九六三年首播的時候還是沒有色彩的黑白動畫，與手塚老師筆下的高科技世界觀形成對比。

三丁目》忠實重現出那個年代的氛圍，從這部電影中就能清楚知道當時的人們過著什麼樣的生活。」

「我知道那部電影。堀北真希很可愛呢。」

「當時的日本拚命想從戰敗中重新崛起，所以建造了東京鐵塔，匯聚各領域的技術打造新幹線、申請舉辦東京奧運，藉此回到先進國家之列。那時的科學技術帶給庶民富足的生活，一般庶民的目標就是購買合稱為『三種神器』的黑白電視機、洗衣機和電冰箱。譬如《ALWAYS幸福的三丁目》中，有一幕是電視送來鈴木家，成為附近鄰居聚集的一大盛事，看到這一幕就能清楚知道科學技術的發展是如何帶給人們富足的生活。科學發達的未來，必定是一個便利且富足的世界，當時的人們都懷有這樣的夢想。」

「原來如此，電影還可以這樣解讀啊！」

繪玲奈真心感到佩服。

「接著到了一九七〇年代後期，開始流行《飆速之狼》這部有點偏

《ALWAYS 幸福的三丁目》

二〇〇五年上映的日本電影，改編自西岸良平的漫畫《幸福的三丁目》。電影的背景是昭和三十三年（一九五八年）的東京，當時日本正處在高度經濟成長期。電影中除了描述居住在夕日町三丁目的人們溫暖交流的故事之外，也利用模型與VFX（CG）技術忠實呈現出建設中的東京鐵塔、上野車站、蒸氣火車C62與東京都電等等，應該很多人都能從這部電影中感受到日本還充滿活力的「美好舊時代」的鄉愁吧！電影中使用的三輪小貨車Midget、家電、店內商品等，幾乎都是從各地蒐集而來的古董，是一部連細節都十分講究的出色作品。

離現實的漫畫。漫畫描述開著保時捷、藍寶堅尼Countach等高級進口車的暴走族舉行公路賽車，並且掀起超跑熱潮。妳該不會也知道這部漫畫吧？」

「抱歉，我沒聽過。」

「不知道是正常的，這部漫畫很久了。當時日本的工業化程度已經達到高度的水準，就快要追上歐美了，但是在高級商品方面依然缺乏競爭力。在那個時代，外國的高級商品稱為**『舶來品』**，保時捷或法拉利之類的進口車不是庶民負擔得起的東西，因此大家都十分嚮往。那麼，回到這次的作業《進擊的巨人》，這部漫畫到底反映出什麼樣的背景，能夠如此抓住人心呢？」

「唔……謎樣的巨人明明不是為了吃人，卻依然襲擊人類，世界觀莫名地黑暗，主角不管怎麼打都打不贏，也沒有爽快感……而且畫得很差，老實說，我完全不知道為什麼會紅。看起來噁心又不舒服。」

「妳說的沒錯。我一開始也完全不知道這部漫畫為什麼會暢銷。黑

《飆速之狼》

池澤早人師自一九七五年到一九七九年之間，在《週刊少年 JUMP》上連載的漫畫作品。這部漫畫掀起超跑熱潮的社會現象，超跑造型的橡皮擦在孩子之間大肆流行，百貨公司還會在頂樓舉辦超跑展示會等，各種現在難以想像的活動。

漫畫以公路與賽車場為舞台，描述主角風吹裕矢開著愛車Lotus Europa，以獨行俠暴走族之姿展開與對手之間的競爭，並且在競爭中成長，最後終於成為專業賽車手的故事。作品中出現的對手，也都開著世界知名的超跑。單行本發行量至一九七七年已經突破一千一百萬本。

暗的世界觀看起來一點都不開心。一般暢銷漫畫的節奏應該是即使主角被逼到絕境，依然可以扳回一城。但是這部漫畫的主角完全沒有扳回一城的機會，只是不斷地、不斷地被逼入新的絕境。」

「沒錯，就是這樣。主角只是一直被打敗而已。」

「而且是新人漫畫家的處女作，似乎也沒有加入什麼能夠帶來暢銷的手法或技巧。就像妳所說的，作者的畫技也稱不上好。反過來說，或許我們應該思考，現代人把自己的什麼部分投射到主角身上，才讓這部不知道為什麼會賣的作品變得如此炙手可熱。老實說，這部作品如果誕生在《原子小金剛》那個時代，應該會完全不見天日吧！」

「的確，如果在以前，或許會變成一部單純巨人吃人的獵奇漫畫，只有少部分的愛好者能夠接受……」

「我認為主角艾連那句台詞：『即使一生躲在牆中……只要能吃能睡，就能活下去……但是……這麼一來……和家畜有什麼兩樣呢？』以及艾連的朋友阿爾敏的台詞：『的確，我無法苟同那些相信在城牆中就

《舶來品》

現在幾乎已經成為死語。過去用來指外國的高級商品，展現出對這些高級商品的憧憬。

能獲得永久安全的人。即使城牆一百年來都沒有被破壞，也找不到今天不會被破壞的保證……』隱藏了重要的線索。」

「這是什麼意思呢？教授？」

「換句話說，我覺得《進擊的巨人》或許是『不安與恐懼的現代社會』的投射。現代社會物資過剩，只要沒有太奢侈的要求，就能和平地生活下去。但是，這樣下去真的沒問題嗎？雖然現在過得很好，但不知道自己會不會遭到像巨人一樣，不管怎麼對抗都完全不為所動的事物襲擊。我想這部漫畫巧妙地表現出現代人這種莫名不安的心情。動畫主題曲中，『家畜的安寧，虛偽的繁榮』這句歌詞，將這種心情表現得十分精準，刺中了我的心。」

「似乎是這樣沒錯。」

「更進一步來說，人類為了避免巨人侵襲，建造了三道城牆，但最裡層、最安全的**席納之牆**是王政府與富人居住的地方，年輕的主角們只能住在最外層、最危險的瑪利亞之牆內。這個設定，不就是掌握了現在

席納之牆

《進擊的巨人》中，人類為了避免遭到巨人侵襲而建造了三道巨大的城牆，席納之牆是其中之一，位於最裡層，用來守護王城與首都。另外兩道牆分別是瑪利亞之牆和羅塞之牆。

的貧富差距，以及年輕人對既得利益者感到不滿的潛意識嗎？」

「啊，一定是這樣沒錯。」

「怎麼樣，有趣吧？」

「非常有趣。我第一次接觸到這樣的思考方式。」

「太好了。觀察人們自然行動的結果，就能看見世界的真相。漫畫的暢銷就是其中一個例子。那麼，現在讓我們試著想一想，剛才所說的『莫名的不安』到底來自哪裡。怎麼樣？妳有想到什麼嗎？」

「唔，這個嘛……」

繪玲奈陷入沉思。

「不用客氣，想到什麼都可以試著說出來，任何想法都無所謂。」

教授對陷入沉思的繪玲奈說。

「這個嘛，譬如，非終身雇用變得理所當然之類的……」

繪玲奈邊說邊觀察教授的臉色。

「的確，雇用型態與以前不同，工作變得不穩定。還有什麼呢？」

「這個嘛……還有拿不到退休金、消費稅到底會提高到多少……」

拚命思考的繪玲奈說。

「原來如此，我覺得這是不錯的觀點。話說回來，御影同學妳自己呢？會對將來感到不安嗎？」

「唔……雖然不知道為什麼，我也一樣感到莫名的不安。我不覺得世界會變得更好……政治似乎也沒有好好在經營……」

「御影同學的世代，從出生到現在都一直處在不景氣的環境中，從來沒有經歷過景氣繁榮、物價上漲，是通貨緊縮世代吧，所以很難覺得這個世界會變好。妳的感覺應該是：雖然衣食不缺，總有辦法活下去，但是這樣下去真的沒問題嗎？」

「沒錯，就是這種感覺。雖然在教授點出來之前我都沒有發現這層意義，但仔細想想，果然大家都對《進擊的巨人》有共鳴。包含我在內，大家都對未來感到莫名的不安。」

「但妳也搞不清楚這是為什麼。」

「是的，既搞不清楚為什麼，而且老實說，不管我怎麼想，也改變不了什麼，我覺得一直想這些事情也沒有用。」

「原來如此，大家都感覺到氣氛有點奇怪，心中也都有不安的部分，懷疑這樣下去真的沒問題嗎，但每天還是得生活，所以就先將這份不安放到一邊去。大概是這種感覺吧，我知道妳的想法了。再繼續賣關子也沒有意義，我就從結論開始說起吧！大家之所以會感到莫名的不安，是因為明明生活在『全新時代』中，想要維持原本生活的既得利益者卻讓這個世界變得不平衡。」

「既得利益者指的是像《進擊的巨人》中，生活在席納之牆中的人嗎？」

「沒錯，就是住在席納之牆中，被三層城牆保護的既得利益者。」

「具體來說是誰呢？有錢人或政治家嗎？」

「不，不是他們，而是老年人或是即將邁入老年的人，也就是普通的老先生、老太太。」

「老先生、老太太讓人們陷入不安……真的嗎？」
繪玲奈瞬間變得一臉不可置信。錯的是腦滿腸肥的政治家還可以理解，但錯的卻是善良的老先生．老太太。
「我想他們自己應該也沒有意識到，但是很遺憾地，這卻是事實。至於老先生、老太太如何打破這個世界的平衡，我們之後再討論。在這之前，我們先來了解自己所處的時代。我們生活的時代，是與過去完全不同的『全新時代』。」
「『全新時代』嗎……這麼一說確實有這種感覺……」
繪玲奈不太清楚教授想說什麼，只能隨口附和。
「而且是五百年來，不，應該是數千年來人類的首次經驗……」
「什麼，是時間尺度這麼大的話題嗎？」
出乎意料的時間尺度讓繪玲奈真心嚇了一跳。
「我是這麼想的。而且我認為，大家或許都因此迷失在這樣的時代當中。」

「要這麼說的確也沒錯。但教授為什麼會這麼想呢？」

繪玲奈想要知道教授這個大尺度論點的根據，忍不住身體前傾，提出疑問。

教授用左手中指將滑下來的眼鏡推上去，開始緩緩地說：

「我參考了各種資料，不過最淺顯易懂的事實是，全世界的人口總有一天會開始減少。人口今後會如何發展，比任何經濟預測都還要確實，而未來人口是一定會減少的。在沒有瘟疫流行或自然災害等的情況下，人口減少是人類前所未有的經驗。」

「的確，大家都說日本的少子化是一個嚴重問題。」

「日本或歐洲等先進國家，**每位女性的生育人數已經少於兩人**，所以總有一天，人口一定會減少。」

「但是，亞洲其他地方的狀況應該不是這樣吧？」

「大家或許會這麼想，但實際上，生育率低於二的五十七個國家中，有二十三個是世界銀行定義的『開發中國家』！」

每位女性的生育人數已經少於兩人

假設女性的可生育年齡是十五到四十九歲，先計算出各個年齡的生育率，再將所有的生育率加總在一起，並排除掉人口組成的偏差，便能計算出每位女性的平均子

「真的嗎？太讓人意外了。」

「嗯，泰國也低於二。還有伊朗、巴西、俄羅斯等國家也是。」

「這代表什麼意思呢？」

「其實我也不知道。」

教授沉思之後說。

「教授也不知道嗎？」

繪玲奈差點像搞笑漫畫那樣，從椅子上跌下來。

「重要的是，人口減少顯然已經成為事實。這對於把人口成長當作前提的資本主義來說，是極大的威脅。如果以《進擊的巨人》為比喻，人類就像是受到『人口減少』這個謎樣的巨人襲擊。換句話說，人口減少就是明確顯示出這個世界正在改變的證據。」

「原來如此。」

繪玲奈點頭稱是。

「工業革命之後，技術進步帶來生產性的大幅提升，可以製造的東

女數，這個數字稱為「時期總生育率」。假設死亡率不變，調查對象的男女比是一比一，且所有女性都能活到可生育年齡以上，則時期總生育率超過二，代表人口數自然增加，低而二代表自然減少。但實際出生的嬰兒以男嬰比例偏高，有些女性也可能不到生育年齡就死亡，所以現在先進國家推估人口自然增加或減少的分界為二．〇七。至於開發中國家等嬰幼兒死亡率高的地區，時期總生育率必須更高，才能維持人口水準。嚴格來說，提到生育率的時候還必須討論上述問題，但在這裡為了方便起見，以二為基準。

生育率低於2的國家（底色灰色者是開發中國家）

國名	出生率	國名	出生率
哥斯大黎加	1.96	摩爾多瓦	1.5
愛爾蘭	1.96	古巴	1.5
阿拉伯聯合大公國	1.95	瑞士	1.45
智利	1.94	馬其頓	1.44
巴西	1.9	西班牙	1.43
挪威	1.89	克羅埃西亞	1.42
法國	1.89	捷克	1.41
阿爾巴尼亞	1.87	保加利亞	1.4
瑞典	1.87	拉脫維亞	1.4
北韓	1.86	奧地利	1.38
黎巴嫩	1.86	葡萄牙	1.38
突尼西亞	1.86	希臘	1.38
英國	1.84	義大利	1.38
丹麥	1.84	俄羅斯	1.37
澳洲	1.83	斯洛維尼亞	1.36
伊朗	1.83	匈牙利	1.35
芬蘭	1.83	立宛陶	1.34
泰國	1.81	德國	1.32
比利時	1.77	羅馬尼亞	1.32
中華人民共和國	1.77	烏克蘭	1.31
荷蘭	1.74	白俄羅斯	1.28
亞美尼亞	1.74	斯洛伐克	1.28
盧森堡	1.66	新加坡	1.27
愛沙尼亞	1.64	日本	1.27
蒙特內哥羅	1.64	波蘭	1.27
塞爾維亞	1.62	馬爾他	1.26
喬治亞	1.58	大韓民國	1.22
加拿大	1.57	波士尼亞與赫塞哥維納	1.21
賽普勒斯	1.52		

出處：聯合國世界人口推計 2008 年，2005~2010 年總生育率

西越來越多，可以養活的人也逐漸增加，一直以來人口都呈指數函數的趨勢成長。直到不久以前，大家還熱烈討論再這樣下去，人口將會超過地球的負荷，能源也會因此而耗竭的問題！」

「真的，人口再這樣增加下去地球環境會受不了，之前還是熱門的話題。」

「現在反而倒過來，大家開始熱烈討論人口總有一天會減少，將造成嚴重的問題。有些人認為，人類是基於讓種族延續的本能，感覺到人口要是再這樣增加下去，最後超過地球的負荷就糟了，所以人口才會自然地減少。我也覺得這個可能性很高，因為工業革命之後，人口劇烈爆炸，對地球環境造成的負荷將達到極限是不容懷疑的事實。

但是，我覺得也必須考慮其他理由。因為技術進步帶來生產性不斷提升，可以養活的人明明應該增加，人口卻沒有變多，要說不可思議也確實不可思議。舉一個簡單易懂的例子來說明，剛才我提過手塚老師的《原子小金剛》，這部漫畫流行的時候，大家都相信科學高度發展的未來，能夠讓人類變得富足而幸福。原子小金剛的世界在科學技術發達的現代，已經實現了很大一部分。人類既然變得富足了，人口逐漸增加似乎也是好事。但是，情況卻沒有變得如此。」

「嗯，的確是這樣。換句話說，現在的問題就是為什麼大家都不生小孩吧……」

「要不要試著想想為什麼呢？」

「太複雜的事情我也不懂，身邊比較常見的原因包括因為晚婚化、沒有機會認識異性之類的。」

「妳說的沒錯。政府也將少子化視為重大問題。日本內閣府預測，日本到了二〇六〇年人口會減少八千六百萬人左右，在這個問題上是世界的先驅。政府雖然想做各種努力，譬如育兒支援等等，但我認為這些都只是治標不治本，沒有碰觸到本質上的議題。」

「政府或地方團體主辦的相親活動真的都很蠢，根本就是在多管閒事！」

繪玲奈笑著說。

「對吧。總而言之，我想先把議題鎖定在少子化這點來思考。如果從太多方面探討少子化的理由，會變得太過複雜難懂，所以我們先試著只就經濟上的理由進行整理吧！」

「好的。」

「首先，妳有沒有想過，為什麼以前的人會生很多孩子呢？從以前到現在到底有什麼事情改變了呢？」

「嗯，為什麼呢……」

「妳想像一下農家。」

「是因為孩子可以幫忙農家的工作嗎？」

「沒錯，就是這樣。有些田裡的工作孩子可以幫忙，所以孩子也具備了或多或少的生產力。但是隨著都市化的發展，孩子可以幫忙的工作逐漸消失了。

在從前產業尚未成熟的階段，即使不花很高的成本，也就是花很多錢投資孩子的教育，還是可以獲得報酬（生產力），所以可以說孩子越多，利益越大。

但是，產業高度發展之後，包括農業，許多工作逐漸被機器取代；而且，如果不花費教育成本，就無法為孩子培養足夠的生產力。這麼一來孩子越多，投資所需的花費也越高。如果做不到，孩子可能會變得不上不下，所以只好少生孩子，集中投資。舉例來說，我的父母出生於一九二六年的農家，家裡有五個兄弟姊妹，這在當時相當普遍。但是到了我出生的年代，家裡有兩個小孩就變成標準狀況。在我小時候，日本正處於高度經濟成長期，準備躋身先進國家之列，都市化的程度也越來越高。大學升學率提升，大家都覺得只要進入好大學，人生就能獲得保障，所以開始出現升學競爭。在這種環境下，教育投資勢必會增加。」

「我懂了，換句話說，如果就孩子的投資與回報這種純粹經濟上的考量來看，經濟發展程度越高，少子化程度就會越嚴重吧？」

「妳說的沒錯，這種可能性很高。除此之外，還有另一個經濟上的理由或許也是造成少子化的原因，那就是退休金制度。有一個說法認為，就日本的情況來看，導入退休金制度的時間點，剛好就是正式進入少子化的時期。」

「退休金制度嗎？」

「是的，就是退休金制度。在過去，老先生、老太太都是由家人照料，而退休金制度簡單來說，就是由國家代替家人照顧國民老後生活的制度。這麼一來，即使不生孩子，不必負擔養育孩子的投資，老了之後也能得到一筆退休金，所以也產生了不生孩子比較經濟這種想法。」

「原來如此……我大概懂了，不過我覺得這個論點，怎麼說呢，聽起來也太寒酸了！」

「妳說的沒錯，實際上，也不是只靠著退休金就能負擔一切生活，就金額來看，確實也沒有必要只為了一點錢就做到這個地步，所以說到底，這只不過是一個理論而已。目前正在發生的事情，程度遠超過我們從剛剛到現在的討論，實際上力道更強、規模也更大。我認為，這件事使人類面臨前所未有的『全新時代』，也因此引發人口減少的現象。我的假設是，原本應該為人類帶來幸福的原子小金剛，事實上或許會讓人類陷入不幸。今天是第一次上課，雖然有點早，不過我們就先講到這裡吧！」

「唉呦，教授不要賣關子，快告訴我嘛！」

話題中斷在緊要關頭，繪玲奈忍不住抱怨。

「下次上課之前，先去聽幾首嘻哈樂團**黑眼豆豆**的歌曲吧！」

「什麼？漫畫之後是嘻哈嗎？」

繪玲奈心想，教授到底是什麼人啊？

「沒錯，從走在時代尖端的人身上可以獲得寶貴的資訊喔！」

教授一邊說，一邊露出意味深長的笑容。

黑眼豆豆

美國的嘻哈混和搖滾樂團。至今得過六次葛萊美獎。二○○九年的單曲〈Boom Boom Pow〉連續十二週蟬聯Billboard Hot 100冠軍，與〈I Gotta Feeling〉（連續十四週第一名）共占據排行榜冠軍長達二十六週（二○○九年四月十八日至十月十日），創下Billboard Hot 100的紀錄。

Seminar No.2

為什麼說原子小金剛將帶給人類不幸？

低技術的工作被機器取代，使得利益由少數人所獨占，造成社會分化成勝利組與失敗組，朝著兩極化邁進。這就是為什麼生產力明明提升了，薪水卻變少……

「黑眼豆豆的團長**威爾**是個非常聰明的人，在科技上也有很深的造詣。他曾經針對音樂產業發表十分具啟發性的看法。」

「教授其實知道很多事情吧？您為什麼會知道這麼多事情呢？」

繪玲奈單純地為教授過於廣泛的知識感到震驚。

「啊，那可以說是我的興趣……」

教授忐忑地回答。

「教授該不會有在跑夜店吧？」

繪玲奈開始想知道教授謎一般的日常生活。

「不，這個嘛……總之這個話題先擺一邊……」

教授支支吾吾地迴避繪玲奈的問題，接著說：

「總之，根據威爾的說法，八十年前唱片產業尚未誕生之前，音樂產業中最賺錢的人妳猜是誰？」

「嗯，是誰呢……如果沒有唱片的話，大家都是聽現場演奏吧。是製造樂器的人嗎？」

威爾（Will.I.Am）

美國的饒舌歌手、音樂家、作詞作曲家、DJ、音樂製作人。對於黑眼豆豆的成員來說，是如同大腦一般的存在，他們幾乎所有的樂曲都是威爾寫的。除此之外，他也參與NAS、塞吉歐曼德斯、地球風與火、麥可傑克遜、U2等知名歌手與樂團的樂曲製作，也是一名活躍的音樂製作人。

「嗯，這個方向雖然不錯，但答案不對。最賺錢的人其實是建築師喔。」

「建築師？為什麼？為什麼建築師跟音樂有關？」

「妳試著想一下，音樂在每個場所聽起來都不一樣吧？」

「啊，我知道了。因為沒有唱片，所以聆聽現場演奏的場所就很重要。」

「答對了，就是這樣。經過高度計算，讓管絃樂等的現場演奏能夠呈現出最佳音響效果的音樂廳，就是當時最先進的高科技。所以說，能夠設計出音樂廳的建築師，就是最賺錢的職業。雖然披頭四的**保羅・麥卡尼曾說過**，他小時候唱片還不普及，幾乎家家戶戶都有樂器，大家就聚集在家裡，享受自己演奏的樂趣，所以他覺得樂器製造商應該也賺了不少錢。接著換下一個問題。唱片普及之後，賺錢的人變成是誰呢？」

「照這樣的邏輯來看，是音響製造商嗎？」

「答對了。把刻劃在唱片上的音樂轉換成電氣訊號，再播放出來的

保羅・麥卡尼曾說過
出處：《ENGLISH JOURNAL》
二〇一一年八月號

技術，顯然就是當時的高科技了。音樂世界接下來面臨的是數位革命，也就是音源從類比轉換成數位。這個變化破壞了過去的常識。蘋果跟上了這樣的變化，ＳＯＮＹ卻被拋在後頭。妳知道這兩家公司的差別嗎？」

「蘋果跟ＳＯＮＹ的差別嗎……雖然不知道有沒有關係，不過站在我的立場來看，要說從類比轉換成數位有什麼改變的話，就是拷貝變簡單了。」

「沒錯，這點很重要。我讀國、高中的時候唱片還很貴，不是零用錢買得起的，所以大家會到唱片出租店租唱片，回家拷貝到錄音帶上。但是，類比的拷貝有個缺點，就是音質會變差，所以拷貝還是有極限。然而數位訊號不管怎麼拷貝，音質都不會變，還可以透過網路把音樂傳送到任何地方，即使想要保護著作權，要防止數位檔案的拷貝依然非常困難。

換句話說，重點在於數位化的資訊可以簡單複製，有變成『免費』的傾向，所以越來越難光靠販賣資訊來賺錢。在這樣的狀況下，蘋果認為既然如此，就應該加速音樂的免費流通才有商機，並為此訂定戰略，朝著結合變成數位資料的音樂與網路的方向發展。但是，SONY有自己的唱片公司，想要只靠音樂賺錢，最後卻因為做不到這點而陷入自我矛盾的困境。」

「我完全懂了。但是音樂經過拷貝變成免費之後，音樂家要靠什麼過活呢？」

「妳的問題很好。因為CD已經賣不出去了，所以我想他們的戰略大致來說只好朝兩個極端 發展，不是與數位和平共處，就是把類比的好處當成賣點。前者採取的方式是製作可以在網路上匯聚人氣的內容，取得廣告收入；後者則是回歸類比，透過辦演唱會、販賣周邊商品等方式來提高收益。附帶一提，AKB48在這個CD滯銷的時代，想出了使用類比方式販賣CD這個數位商品的妙計，她們的成功，或許就是因為這個出奇制勝的策略吧！」

「AKB48？類比？什麼意思？」

「譬如購買ＣＤ就附贈握手會入場券之類的，這麼一來，買ＣＤ的人不就可以直接見到偶像了嗎？這在某種意義上，就是使用類比方式販賣ＣＤ這個數位商品。說得更誇張一點，是一種融合數位與類比的戰略。」

教授笑著說。

「原來如此！**秋元康**真是天才。話說回來，教授該不會是ＡＫＢ４８的粉絲吧？」

繪玲奈懷疑地問。因為教授看起來一副阿宅樣，說是ＡＫＢ４８的粉絲也一點都不奇怪。

「不不，當然不是。我們扯得有點遠了，這個話題就到此為止，讓我們回到一開始威爾說的話吧！就像我們前面討論的一樣，威爾認為科技的進步將會改變音樂界，那麼，未來會變得如何呢？針對這個問題，他留下了衝擊性的發言。」

「嗯，他說了什麼？」

秋元康
日本知名編劇與作詞家，也是ＡＫＢ４８、ＳＫＥ４８等多個團體的總製作人。

繪玲奈忍不住把身體前傾，提出疑問。

「那就是，音樂家總有一天會消失。」

教授用左手中指將滑下來的眼鏡推上去，緩緩地說。

「真的假的！這、這真的是衝擊性的發言呢……」

意想不到的答案讓繪玲奈大吃一驚。

「他說，科技總有一天會進步到能夠藉由戴在手上的手環，測量體溫與脈搏，再由電腦透過量測到的資料，分析當時的心情，依照當時的心情作曲並演奏出來。如果這樣的時代到來，就不再需要音樂家了。」

「這真是想也想不到啊。不過仔細一想，現在已經是電腦下西洋棋會勝過人類的時代了……即使變成這樣或許也不奇怪……」

「是啊，過去一直認為駕駛汽車需要高度的模式辨識功能，電腦無法辦到，但現在汽車自動駕駛的實用化也看見一線曙光。至於金融業當中，美元與日圓的交換這種比較單純的**通貨交易**，已經交由全自動系統進行。甚至把更複雜的工作都交由機器進行，已經變成現在的趨勢。

通貨交易

通貨交易公司的交易多半交由大型投資銀行進行，大型投資銀行以全自動系統取代交易員，所以大家在網路上的交易對象其實都是機器。

這麼一說，最近日本有一則新聞是，人工智慧『東機器君』參加全國聯考模擬考，現在雖然偏差值還不到五十，但研發者希望他能在二〇二一年之前考上東大。」

「真的嗎？機器人要考東大？」

「是的，總覺得這個世界變得越來越像《**魔鬼終結者**》了。事實上，數位革命正以前所未有的速度在進行，而這件事情帶來了上一堂課所講的強大力量引發的變化，也是我認為少子化的原因。」

「教授，抱歉。您的話題跳太快了我聽不懂……」

話題突然從數位革命變成少子化，讓繪玲奈反應不過來。

「抱歉抱歉，我依序說明。首先，假設數位革命將掀起和工業革命同樣大的變化，結果某些人的工作被機器取代，而這個結果會先從與數位資料相容性高的地方開始發生。如同威爾所說的，音樂容易轉換成數位資訊，所以會先發生這種變化。」

「工業革命的時候，也出現了因為機器發明而失業的人吧，這和數

《魔鬼終結者》

一九八四年的美國電影，是阿諾．史瓦辛格的成名作。故事發生在二〇二九年的近未來，人工智慧天網發動叛亂，指揮機械軍團與人類作戰，使人類面臨瀕臨滅絕的危機。人類抵抗軍在領導者約翰．康納的指揮下展開反擊。天網感受到威脅，將殺人機器「魔鬼終結者」從未來送到現代，企圖透過殺害約翰的母親莎拉．康納，將約翰從歷史上抹去。在同一時間，抵抗軍也將一名戰士凱爾．瑞斯從未來送回去保護莎拉……

位革命有什麼不一樣呢？」

「舉例來說，工業革命的時候發明了機器火車頭，造成馬車消失，操縱馬車的車夫失業。這樣的過程乍看之下確實與數位革命相似，但兩者之間有著根本上的不同。工業革命之後，人類學會透過燃燒化石燃料，得到人類自己或動物遠遠不及的力量，這是一種『物理』革命。雖然車夫失業是理所當然，但失去最多工作的其實是馬。人類已經不再需要輸出功率只有一馬力的馬，取而代之的是能夠輸出數百倍功率的蒸汽火車頭。馬車雖然消失，卻誕生了製造蒸汽火車頭的產業，創造出比馬車時代更多的工作機會，失業的車夫也被新的雇用吸收。」

「原來如此，工業革命是物理革命啊！」

「然而，數位革命既不是開始使用化石燃料的『物理』革命，也不是化學肥料發明之後讓農業產量急遽增加的『化學』革命。數位革命是『資訊』革命，人類大腦的機能將被具有更高速處理能力的機器取代。換句話說，就是人類本身遭到機器取代的革命。話雖如此，這當然也和蒸汽火車頭發明的時候一樣，能夠提升生產效率，對整體社會來說是好事，而且也有人認為，數位革命也能像工業革命的時候一樣，誕生管理機器的新工作，應該不會造成問題才對……」

「但是，數位革命有像工業革命的時候那樣，出現其他能讓車夫等人立刻上工的工作嗎？我想不太出來。」

「沒錯，問題就在這裡。的確，數位革命誕生了像管理機器的高層次工作，但狀況也極有可能無法像工業革命的時候那樣順利。不具備知識與技術的人被捨棄的可能性很高。我在上一堂課說過，原本應該為人類帶來幸福的**原子小金剛，事實上或許會讓人類陷入不幸**，就是這麼一回事。」

「原來如此，我終於知道原子小金剛是什麼意思了。」

「事實上，美國正發生『失業型復甦』這種不可思議的現象，明明沒有新的雇用，只有景氣恢復。企業的獲利雖然攀升到高水準，但雇用人數與過去相比卻不再增加。事實上，這是生產全自動化，帶來企業不

原子小金剛，事實上或許會讓人類陷入不幸

英國理論物理學家史蒂芬·霍金（Stephen Hawking）博士在接受BBC訪問時，曾說過：「人工智慧的進化代表人類的滅絕。」他解釋：「人工智慧能靠著自己的意志獨立思考，並且以前所未有的速度提升能力，甚至還有可能自己為自己重新設計。只能以緩慢速度進化的人類沒有勝算，總有一天會被人工智慧所取代。」（出處：《哈芬登郵報》二〇一四年十二月四日）

再需要勞工的現象。

此外，我們還能看見另一個事實，那就是每個人的平均生產力明明提升了，但所得的**中位數**卻逐漸減少。簡單來說，這是因為低技術的工作被機器取代，使得利益由少數能夠管理機器的人獨占，造成社會分化成勝利組與失敗組，朝著兩極化邁進。這就是為什麼生產力明明提升了，一般人的薪水卻變少了。在美國，龐大的財富都聚集到有錢人身上，貧富差距擴大到非常離譜，成為社會問題。最近茶黨之所以在美國逐漸壯大，我想就是因為這些被時代拋棄的人的怒氣爆發出來的緣故。」

「教授，恕我才疏學淺。茶黨是什麼啊？」

「美國白人基督教徒形成的保守派力量，簡單來說，就是住在美國中西部鄉下，遵照以前流傳下來的傳統方式生活，工作卻在不知不覺間消失，變得比以前更貧窮的人。他們認為這是因為**西班牙裔**移民等搶走了他們的工作，政府卻為了西班牙裔等少數群體浪費過多的稅金，才會

中位數

將數據依序排列時，排在正中央的數值。中位數的使用方式與平均值類似，但在某些時候比平均值更具代表性。舉例來說，在貧富差距懸殊的國家，富裕階級的人會將平均收入往上拉，所以平均收入會比一般人的收入還要高。所以如果要比較一般人現在與過去的收入，或許將所有人的收入依序排列，取排在中間的人的收入進行比較，是較為適當的做法。

西班牙裔

在自我認同上，認為自己的祖先來自西班牙語圈拉丁美洲的人。美國有很多墨西哥裔的人，但人種不是只有一種，而是由白人、黑人、當地原住民等許多人種組成。

讓他們變得越來越貧窮。附帶一提，茶黨的茶（Tea）是『稅金已經夠多了』（Taxed Enough Already）的意思。

但是，包含茶黨在內，大部分的人都沒有發現我前面提到的那些事情。這是因為，他們沒有發現自己正生活在全新時代，所以才會莫名其妙地針對稅金的使用方式說三道四。」

「原來如此。他們沒有看見本質的問題，只能批評細枝末節的部分吧！」

「這是我的想法。我覺得大家都成了迷途的羔羊。此外，數位革命與工業革命還有一點不同，那就是速度。從**摩爾定律**就可以知道，數位技術的革新以驚人的速度在進行，人類逐漸無法跟上數位技術革新的速度。到這裡，我們終於要回到少子化的主題上了。

我想妳已經知道，數位革命之後，極有可能產生比以前更高的教育成本。因為要成為勝利組，就不能輸給機器，必須具備管理機器的高度知識與能力。」

摩爾定律

高登．摩爾（Gordon Earle Moore）博士是世界最大半導體製造商英特爾公司的創辦者之一，他在一九六五年根據經驗提出「半導體的電晶體密度，每十八至二十四個月會成長兩倍」的法則。根據這個法則，半導體性能將以指數函數的速度向上提升。事實上，電晶體密度的成長速度逐漸變得比摩爾定律預測的還慢，但如果將「電晶體密度」轉換成「提升的性能」，這個法則到現在依然成立，所以還是可以廣泛地作為預測今後半導體性能發展的指標。（出處：IT用語辭典 e-Words）

「這個龐大的成本就是孩子減少的原因嗎？」

「是的。人類從出生到成人需要耗費二十年左右的時間與成本，要追上不斷進化的機器變得越來越辛苦。

此外還有一個重大的事實。工業革命之後，產業以製造業為中心，我們以汽車業為例，如果要開設一家汽車公司，必須建造工廠、雇用員工，同時也會產生提供這些員工食衣住行的工作，一座城市就在這樣的情況下建立起來。在這個過程中，創業者當然會變成大富豪，但財富不會由創業者獨占，因為經營一間公司，會產生管理公司的白領族與在工廠工作的藍領族等各式各樣的職種，形成將財富分配下去的機制。

但是，如同前面的說明，在數位革命的世界中，藍領族與白領族的工作有越來越多的部分被機器取代，使得財富逐漸聚集到身為勝利組的創業者、出資的股東、勝過機器的機器操作者身上。換句話說，如果無法成為勝利組，就會變成失敗組，介於兩者之間的人將逐漸消失。這就是為什麼會明明每個人的平均生產性大幅提升，所得的中位數實際上卻逐漸減少。如果是以前的社會，縱使不成為老闆，只要能夠成為白領族的菁英，也能過著不錯的生活。但是在非得成為老闆不可的世界中，如果用投資的概念來看養育孩子這件事，就會成為風險與報酬都很驚人的極端投機性投資，換句話說，是一種全贏或全輸的賭博。」

「您的意思是，一般父母都希望孩子過著安定而幸福的人生，但現今的社會卻不允許嗎？」

「是啊。就像一般人都不想從事太過投機的高風險、高報酬投資一樣，大家或許也因為這樣越來越不想生小孩吧？

此外還有一個重點，那就是這個問題可能會不斷地惡性循環。因為教育是比較特殊的經濟行為，付錢的人與受益的人不同，孩子無法自己付錢給自己受教育，他們受教育一定是花父母的錢，所以父母的經濟能力會大幅影響孩子的教育程度。如果勝利組與失敗組的差距越來越大，勝利組的人有能力讓孩子接受高等教育，這個孩子就有可能成為勝過機器的勝利組，但失敗組的孩子可能從一出生就注定是失敗組吧！這麼一來，就會產生階級固定在兩個極端的惡性循環，少子化的速度也可能變得越來越快。」

「這聽起來好可怕。不過，我身邊也有一些人因為父母的經濟能力沒有達到一定程度而無法上大學，所以十分能夠理解。」

「是啊。能夠進東大就讀的，有越來越高的比例是父母年收超過千萬日圓、畢業於國高中一貫教育的私立高中學生，至於畢業於公立高中或來自鄉村地區的學生比例有越來越低的趨勢。這個事實正反映出現況，而這還只是剛開始。」

「這真的是全新時代呢！不過，知道這些事情，只會讓人更加不安啊……」

發生在自己身邊的話題，讓繪玲奈感覺到不安的世界就近在咫尺。

「沒錯，就是這樣。如同我在一開始所說的，這股莫名的不安，來自於我們面臨全新時代，但大家都不清楚該怎麼做。就像妳指出的，針對少子化的問題，政府依然無法理解這是全新時代，還企圖採取和以前相同的方式來解決問題，結果變得不倫不類。」

「政府搞不清楚原因，所以才會辦一些莫名其妙的聯誼活動！」

「妳說的沒錯。我想這些政策最後會讓人們更加感到莫名的不安，大家雖然都不清楚是怎麼一回事，卻覺得前進的方向似乎不太對，因此產生了不安的感覺。

少子化的趨勢已經無可避免，真正重要的不是強迫大家想辦法多生孩子，而是要去思考該如何讓社會配合這樣的狀況。政府應該做的，不是像現在這樣把錢花在老先生、老太太身上，而是必須討論如何讓社會負擔教育成本，提供那些有未來的孩子接受教育的機會，除此之外，也有必要重新檢討目前以培養大量白領階級為目標的教育制度。如果不針對這些本質上的政策來努力，人們會更加感到莫名的不安，社會也會陷入往極端少子化發展的惡性循環。」

「的確……」

「附帶一提，托瑪·皮凱提的**《二十一世紀資本論》**這本書成為世

《二十一世紀資本論》（*Le Capital au XXIe siècle*）

法國經濟學家托瑪·皮凱提（Thomas Piketty）的著作。二〇一三年出版法文版，二〇一四年四月翻譯成英文版銷售，在亞馬遜的綜合排行榜奪得第一名的佳績，是一本極為暢銷的著作。皮凱提在書中提出的主張如下：「資本主義的特徵是由一小搓資本家掌握多數資產，形成有階級差異的社會。而資本報

界性的話題，書中指出財富分配不均的現實。皮凱提在書中提到貧富差距擴大的兩極化現況，以及因為少子化的關係，能夠繼承資產的孩子減少，導致財富都集中在少數繼承人身上，沒有資產可以繼承的人則完全沒有資產，這種財富世襲狀況會導致貧富差距更加擴大。他的論點與我到此為止提出的議論基本上相似。

皮凱提呼籲政府應該要強化資產課稅，這個提議是否正確先另當別論，總而言之，在數位革命越來越深化的世界，如同皮凱提指出的，如果不思考如何處理財富分配的問題，讓貧富差距的擴大踩煞車，就無法阻止社會邁向極端少子化的惡性循環。」

「話說回來，如果數位革命再深化下去，世界會變得怎樣呢？」

繪玲奈雖然不安，但也有點好奇。

「或許會變得像科幻小說中的世界吧？這有一半只是幻想，不過可以姑且聽聽。農地可能會交由全自動的機器耕種，不須經過人工就能生產作物，工業產品也同樣採用全自動生產，連卡車運送等也都會變成完

酬率越是大於經濟成長率，資本家就越能累積財富。資本家累積的資產將由後代繼承，不會分配給勞動者。想要矯正這樣的貧富差距，就應該徵收資本稅，而且必須是全球性地徵收。」

像這樣偏向左派的書，能夠在資本主義的根據地美國熱銷，可以證明全世界的人對於貧富差距的擴大抱持著多麼大的厭惡感。書中也提到，企圖透過金融政策來提高資產價格，藉此解決問題，這樣的做法有其極限，結果，持有資產的有錢人變得更有錢，但由於雇用沒有增加，所以貧窮的人依然貧窮。

全自動化吧。人類或許只從事機器管理、產品設計等高階工作，危險、辛苦的工作全部由機器取代，連軍隊也幾乎都換成機器，人類只要在控制室裡操縱機器戰鬥就行了。未來或許會變成這樣的世界吧。

好了，今天就到這裡結束。下次上課之前，請妳先看《欲望城市》的電影，還有先讀《我的就是你的：協同消費的興起》這本書。讓我們從不同的面向來看看全新時代吧！」

Seminar No.3

透過《欲望城市》看消費現況

不拘泥於擁有，只在需要的時候能夠有效率地使用，這種「分享」的概念能夠推廣開來，原因之一就是物質過剩，也代表著物質欲望飽和的全新時代到來……

「我們先整理一下前面幾堂課的內容。我們已經看到，人類正面臨前所未有的人口減少，以及數位革命將從根本顛覆社會構造。接下來，我打算從另外一個角度來看『全新時代』的到來。」

「教授，可以問你一個問題嗎？」

「可以，請說。」

「我已經看過**《欲望城市》**了，但教授看這種女人聊八卦的電影不會倒胃口嗎？」

「不會啊。不過很可惜，這不是我們這次的重點。」

教授苦笑著回答。

「莎拉．潔西卡．帕克所飾演的女主角凱莉，在電影的一開始說：『女人到紐約是為了尋找兩種L，名牌（Lable）與愛情（Love）。』就如同這句話，名牌是這部電影的一大要素。妳對名牌感興趣嗎？」

「當然感興趣啊，我是女孩子嘛。」

「想要很多服裝、配件嗎？」

《欲望城市》

在美國與世界各地掀起社會現象的影集及電影。原作是紐約作家坎蒂絲．布希奈兒（Candace Bushnell）在《紐約觀察家》週刊連載的專欄「欲望紐約」以及同名書籍。這是一部關於四位居住在紐約的三十多歲單身女性的喜劇。這四位女性分別是專欄作家凱莉，熱愛時裝，特別是鞋子，並且將自己的戀愛故事與友人性事都寫成連載專欄「SEX and the CITY」；毒舌律師米

「當然。我想要打扮得漂亮，服裝、配件越多越好。這是理所當然的想法不是嗎？」

「說的也是。但是，如果房間都快要被衣服塞滿了怎麼辦呢？還會想要嗎？」

「該怎麼辦呢……我沒有遇過這種事情，所以也不知道。」

「這麼說也沒錯，不好意思問了這種問題。那麼，讓我們再看一次《欲望城市》吧！」

教授按下DVD播放器的電源。

「首先是終於與大人物訂下婚約的凱莉尋找新居的那一幕，他們看了許多房子之後，大人物答應買下超過預算的曼哈頓超高級大廈頂樓，狂喜的凱莉打開衣櫃一看，突然被澆了一頭冷水。因為喜歡流行服飾，尤其對鞋子特別迷戀的凱莉，擁有大量的衣服、鞋子，但是衣櫃卻放不下。

接著是另外一幕，凱莉注意到前來面試私人助理的女孩子拿著LV

蘭達，總是希望與男性平起平坐；公關公司老闆莎曼珊，是四人當中最自由、對性也最積極；以及擔任畫廊藝術經理人的夏綠蒂，是純愛主義的大小姐，非常渴望結婚。劇中以女人聊八卦的方式，赤裸裸地描述戀愛、性與工作的煩惱等等，引發許多女性的共鳴。其受歡迎的程度不只在美國，也在其他各國掀起社會現象，播畢之後甚至在全世界重播好幾次，擁有死忠的粉絲。

的包包而開口問她：『來自聖路易，現在沒有工作，和三名室友分租房子的女孩子，為什麼可以拿LV的拼接包呢？』女孩子回答：『我都是跟Bag Borrow or Steal網站租的。這跟**Netflix**一樣，是一種會員制的服務。』凱莉知道有這項服務後十分驚訝，因為跟買名牌包相比，只要花幾十分之一的錢就能使用名牌包。妳聽了這兩段故事之後有什麼感想？」

「嗯……如果買太多衣服或鞋子，日後收納會變成一個棘手的大問題。整理、清潔也一定會變得很麻煩，光是保養好像就會花掉許多錢。而且到最後也會搞不清楚哪個東西擺哪裡，實際要穿的時候也會變成一大工程吧！」

「的確，擁有東西出乎意料地是一件棘手的事情。我去年搬家的時候也體會到這點，一直住在同一個地方，不知不覺就累積了許多東西，像是在泡沫經濟時代買了之後一次也沒有用過的露營用品或滑雪用品，實在不知道該怎麼處理，雖然說不定還會用到，但考量到這些東西會占

Netflix
在美國提供線上DVD出租，以及影音串流的公司。

據收納空間，最後還是丟掉了。」

「這個我知道，就是所謂的斷捨離吧！」

「這麼難懂的詞妳也知道啊！就是這麼回事。我們再回到剛剛的話題，《欲望城市》中，凱莉與來自聖路易的無業女孩的對話，剛好就分別象徵了至今為止的舊時代消費模式，以及今後全新時代的消費模式。為了理解這點，接下來我們來看上一堂課的作業**《我的就是你的：協同消費的興起》**這本書吧！妳讀了嗎？」

「讀了。」

「讀了這本書，就可以很清楚地知道，不擁有東西，只在需要的時候使用，這種『分享』的世界正在擴大。此外，『擁有東西才跟得上流行』這種標準也逐漸在改變。現在是經濟高度發展的社會，因為物品的供給變得容易，導致物品充斥，降低了物品的稀有價值。所以，透過炫耀物品來讓自己看起來很酷的行為，或許也可以說已經達到了極限。舉例來說，我還在當學生的泡沫經濟時代，擁有車子是身分的象徵，也是

《我的就是你的：協同消費的興起》(*What's Mine Is Yours: The Rise of Collaborative Consumption*)

由經營顧問瑞秋．波茲曼（Rachel Botsman）與創業家路．羅傑斯（Roo Rogers）共同撰寫的著作。他們在書中說明網路與最新科技帶來合作與分享的可能性，以及這些可能性會對商業、消費，和人類的生活方式帶來哪些變化。

受女孩子歡迎的必備條件，但現在已經不是這樣了吧？」

「原來曾經有過那樣的時代啊！這反而讓我嚇了一跳，現在根本很少學生有車子啊。」

「在那個時代，一個人使用的東西會決定他的價值，譬如開什麼樣的車、穿什麼樣的衣服等等。因為東西數量稀少，所以擁有的人就顯得很酷。現在的中國就還處於那樣的時代，女性似乎一定會問男性有沒有車。」

但是相反地，邁向成熟化的先進國家，由於物資充斥，就像《我的就是你的》書中提到的，在這樣的地方，與其擁有車子，說不定成為**汽車共享**的會員更能代表跟得上流行。這本書第一章的標題就是『東西已經太多了』，作者利用在夏威夷西邊出現了現代消費社會產生的垃圾海，點出現代社會過度消費衍生的問題。換句話說，現代人已經有必須減輕環境負擔的意識，認為無視於地球環境的負擔，擁有超出必要的東西，反而是落伍的行為。

汽車共享

汽車共享是一種服務與系統，會員登錄之後就可以共同使用特定的汽車。就租用汽車的面向來看，與租車服務相近，但一般來說使用的時間比租車要短，對使用者來說，價格設定也比租車更低，而且更方便。

這樣的說法，與認為人口如果再繼續增加下去，將會超過地球的負荷，所以人類基於本能而邁向少子化的假說有著共通之處。

我前陣子去看了東京車展。特斯拉的新型車主打數位革命與人性化的設計，而電動車本身就是一種只適合短距離移動的革新性高級車的概念。我深刻感受到，環保就是現在最尖端的流行。在這個時代，與其開著到處排放廢氣的跑車，還不如開電動車受歡迎呢！」

「草食男的誕生，也是因為這樣的趨勢嗎？」

「這個可能性很高。像動畫**《冰菓》**這種以鄉下為舞台，主角是把節能當信條的男孩，在以前應該很難想像吧！像草食男這樣的生活型態，或許就是人類無意識地為了適應全新時代所產生的結果。

相反地，《欲望城市》中的凱莉，生活在金融海嘯發生之前，物質繁榮最頂峰的時期，她的生活方式就是美國物質消費文化的極限，現在可以說是過時了。凱莉最愛的名牌，光就機能的角度來看，只要擁有一個就夠了，但是在想要更時髦、更美麗的消費欲望煽動之下，就不斷地

《冰菓》

米澤穗信在二〇〇一年十一月出版的校園推理小說，也改編成動畫。故事發生在作者的出身地岐阜縣高山市，在一望無際的悠閒田園風景中。男主角折木奉太郎就讀神山高中一年級，是一名不積極參與任何事情，以「節能主義」為信條的草食男；女主角千田反愛瑠個性天真、好奇心旺盛，總是以「我很在意！」為口頭禪，強行將折木捲入高中日常生活中的小事件，並且透過解謎，解決這些事件。

購買。她的行為代表了從前的消費模式，而這個模式造就了在此之前不斷成長的經濟。」

「《欲望城市》也是宣傳名牌的影集吧！就像〇〇七的龐德車。」

「附帶一提，經濟學家維爾納・桑巴特（Werner Sombart）寫了一本書**《戀愛、奢侈與資本主義》**，書中闡述奢侈是造就資本主義的因素之一，而將人們帶往奢侈方向的正是女性。」

「這位學者說的話很有趣呢！」

「雖然聽起來很極端，但無疑地卻是事實。對物質與快樂的欲望，是資本主義至今為止的動能，女性想要變漂亮的欲望，是產生消費的泉源，也是物質主義與資本主義的象徵。」

「多數女孩子都會想要各種可以讓自己變漂亮的東西呢！**益若翼**使用的東西賣得非常好就是同樣的道理。」

「她似乎被稱為百億辣妹呢！不過我對這個領域不太熟，也不是很清楚……」

《戀愛、奢侈與資本主義》

德國經濟學家、社會學家維爾納・桑巴特（Werner Sombart，一八六三年～一九四一年）撰寫的論文，他從文化、社會的面向來考察經濟發展，是經濟學與社會學研究者經常引用的文獻。書中探究戀愛，尤其是通姦、賣春等，以及相關的奢侈行為，與同時代馬克思・韋伯（Max Weber）撰寫的《基督新教倫理與資本主義精神》一書，主張基督新教的禁欲望與儲蓄的倫理是經濟發展的要因，成為很好的對照，是本書的一大特徵。

舉例來說，本書認為宮廷舉辦宴會，以及在宴會中展開的戀愛與資本主義的發展有關。宴會與戀愛需要準備禮服、豪華的禮物等各種奢侈品，這些奢侈品在海外的殖民地生產，並

「如果教授連益若翼的事情都清楚，就太恐怖啦！」

繪玲奈笑著說。

「呵呵，總之就是這樣。在這個世界上或許有某些領域是欲望的起點，並且將欲望擴張到其他地方。我不是網路世界的專家，但我認為，網路世界發生的變化很可能早於現實世界。因為網路是一個交易成本與資訊的不對稱性極低的世界，在網路世界比在現實世界，更容易做到想做的事。」

「『交易成本與資訊的不對稱性極低』是什麼意思呢？」

「我用稍微具體一點的例子來說明。假設妳要買一部電視機，到各家店比價，想找出最便宜的店家，妳必須到每一家店詢問，甚至還得搭電車，這麼一來既花時間又花錢。但是在網路世界中，只要上比價網站，就能省下這些成本，輕易找到最便宜的店家。這就是交易成本與資訊的不對稱性極低。」

「原來如此，我懂了。」

且讓販賣這些奢侈品的商人崛起，成為新的中產階級，並利用金錢取得官位，成為新貴族，最後建立大都市，帶動資本主義的發展。本書特別關注女性的消費行為，除了服裝、飾品之外，住居與飲食也是分析的對象。

益若翼

日本的辣妹服飾模特兒，以《Popteen》讀者模特兒的身分獲得高人氣，身上穿戴的衣服、飾品一下子就銷售一空，有驚人的經濟效果，因此也被稱為「百億辣妹」。據說她帶來的經濟效益超過五百億日圓。

「這也是為什麼在網路世界，比在現實世界更容易做到想做的事。所以觀察網路世界發生的事情，對於了解時代的趨勢來說非常重要。我認為，像**Airbnb**或汽車共享，這種過去想都沒想過的商業型態，在網路上能夠成功，使『分享』的概念推廣開來，這個現象，正代表著全新時代的來臨。」

「這是什麼意思呢？」

「不拘泥於擁有，只在需要的時候能夠有效率地使用，這種『分享』的概念能夠推廣開來，原因之一就是物質過剩，我認為這代表著物質欲望飽和的全新時代到來。物質過剩，導致失去對物質的欲望，是人類前所未有的經驗。我在這裡舉一個例子來說明，你知道松下電器這家公司吧，就是現在的Panasonic。」

「當然知道。」

「那你知道創辦者松下幸之助的自來水哲學嗎？」

「不知道，那是什麼？」

Airbnb

提供想要短期租賃空房的人，以及想找住宿地點的旅行者配對服務的網站。在Airbnb，只要搜尋想住的地方，日期、條件成功配對，就能支付租金，預約住宿。網站帶有強烈的社群服務色彩，詳細的資訊交流基本上屬於主人與旅客之間的個人行為。自二〇〇八年服務開始以來，便以能夠住在各種當地建築、與當地人交流，體驗住商用旅館體驗不到的，而且更便宜等優點博得高人氣。（出處：Weblio辭典）

「所謂的自來水哲學，就是以像自來水一般的低價，提供豐富且優質的家電，為人們帶來幸福，把這個世界變成極樂淨土。松下幸之助表示，這就是松下電器的使命。」

「松下幸之助希望為社會帶來貢獻，有著遠大的志向呢！」

「是啊，以前的日本有很多這樣的經營者，他們覺得一旦有錢，就應該要回饋社會，所以他們當藝術家的贊助者，很珍惜美術品，企圖為後世留下資產。他們和物質主義的美式經營者有很大的不同，很多美式經營者一旦變得有錢，就會去買私人噴射機。

總而言之，松下幸之助應該想像不到，現在家電已經**商品化**，擁有冰箱與電視變得理所當然，需要都已經被填滿了。

這個世界明明已經實現了松下幸之助的理想，成為大家都擁有家電的便利世界，卻不僅沒有變成極樂淨土，反而還瀰漫著莫名的不安，甚至連他創辦的公司都遭遇過好幾次經營危機。在天國的松下幸之助如果曉得這些事情，不知道會怎麼想。」

商品化

使用同一種模板，大量生產。

「這的確很弔詭呢……」

「好了，讓我們來聊一點經濟學吧！經濟學的前提是，人類會為了追求利益與欲望，採取合理的行動。換句話說，想要擁有東西，是經濟學的大前提。

所以古典經濟學中的**賽伊法則**提到『供給會為自己創造需求』。簡單來說，這個法則的概念是，只要製造物品，產生供給，人們就一定會因為想要物品而產生需求。就算生產了太多商品也沒關係，只要價格下跌，人們還是會願意購買。

為什麼會產生這樣的想法呢？因為古典經濟學誕生的時候歐洲還很貧窮，製造物品的能力有限，所以只要製造出物品，就一定會有人想要。擁有越多物品就越幸福，是經濟學的大前提。」

「古典經濟學中『供給會為自己創造需求』這個概念有它的時代背景，而擁有越多物品就越幸福，也和松下幸之助的想法一樣呢！」

繪玲奈在經濟學一般課程中學過賽伊法則，知道了它的背景之後，

賽伊法則

法國經濟學家讓─巴蒂斯特．賽伊（Jean-Baptiste Say，一七六七年～一八三二年）提倡的法則。他認為各種經濟活動都只不過是以物易物，當供需沒有達成平衡，就會進行價格調整。即使供給比以前增加，絕大部分的情況下，也會因為價格降低，導致需求跟著增加，讓供需達成一致。所以，想增加需求（或是代表需求加總的國家購買力、國富），只要增加供給就行了。

突然恍然大悟。

「沒錯，就是這樣。舉例來說，古典經濟學的始祖亞當・史密斯（Adam Smith）在世的時候，英國還是一個疫病流行、衛生不佳、糧食不足的地方，當時的平均壽命只有三十多歲，物資基本上是不足而貧乏的。」

「亞當・史密斯作夢也想不到未來會像《欲望城市》那樣，擁有大量衣服與鞋子的狀況吧？」

「是啊。就當時的英國人來看，現在先進國家的庶民生活是超乎想像地富足，甚至比當時的貴族階級都過得還要好呢！總而言之，最重要的是，我們現在生活在全新時代，徹頭徹尾顛覆了過去經濟學的前提。過去的經濟學沒有料想到現在成了一個物品供給變得容易、物資過剩的欲望飽和時代。松下幸之助夢想中家家戶戶都有冰箱的時代來臨，但不管冰箱再怎麼便宜，家裡也不需要兩部或三部冰箱啊。」

「的確，就這層意義來說，想要的東西確實減少了。」

「前面提到的汽車就是一個很好的例子。以前為了在約會的時候耍帥，會有想要買車的欲望，並且產生了努力賺錢買車的需求，但這些欲望漸漸消失了。上一堂課提到少子化與人口減少的問題，也與欲望減少有關。我們現在討論的是個人欲望得到滿足，使得需求減少，而少子化與人口減少帶來的是整體經濟的需求跟著減少。

藻谷浩介的暢銷書**《通貨緊縮的真相》**，就把焦點擺在這個事實上。相反的例子則是美國財經顧問哈利．鄧特二世（Harry S. Dent, Jr.），在一九九〇年左右寫的《榮景可期》（*The Great Boom Ahead*）這本書，他在書中預言美國的經濟將迎來意想不到的榮景，事實也正如他所預料。作者站在人口的觀點提出這樣的論調，雖然很單純，但在當時卻顯得相當獨特。」

「這是什麼樣的內容呢？」

「作者並非經濟學家，所以他提出的論點相當淺顯易懂。出個問題考考妳，妳覺得人生當中最大的一筆消費是什麼呢？」

《通貨緊縮的真相》

本書作者藻谷浩介是日本綜合研究所調查部的主席研究員，他在書中主張，十五～六十四歲的生產年齡人口從一九九六年開始減少，因此儘管景氣狀況良好，也無法避免內需縮小。他表示：「能源價格從一九九五、九六年開始上漲，日本的生產年齡人口也剛好在同一時間開始減少，在這雙重影響之下，日本企業將上升的能源價格轉嫁到商品價格，再加上團塊世代因高齡化而退出勞動市場，造成人事費用總額逐漸減少。」

「嗯……是車子嗎？」

繪玲奈稍微想了一下，卻沒什麼頭緒。

「答案是房子。」

「喔，原來如此，確實是房子沒錯。」

「作者把焦點擺在人的生命週期進行討論。人生花最多錢的時候，就是建立家庭、買房、買車的時期，也就是壯年期。我們在這段時期賺最多錢，也花最多錢。學生時期還不會賺錢，所以也不會花什麼大錢；年紀大了退休之後，因為不再賺錢，只能靠儲蓄生活，花的錢當然也會減少。而且單純說起來，年紀大的人，大致上該有的東西都已經有了，食量也減少，花的錢自然會變少。

而這本書的作者指出，當嬰兒潮世代的人口到了壯年期，他們人數比其他世代還要多，他們大量使用金錢，擴大需求，迎來繁榮的經濟景氣。一九九〇年代的美國正是處於這樣的時期，實際狀況也一如他的預言。」

藻谷主張，高齡者激增與生產年齡人口減少，是目前無法迴避的現實，然而，通貨膨脹、增加公共投資等舊型政策無法帶來成果，政府必須改變想法，譬如將所得從高齡富裕階層轉移到年輕階層、鼓勵女性投入就業或經營、接受外國觀光客短期入住，尤其在退休金方面，他認為必須改變現在高所得者可以獲得高額退休金的制度，改採「依出生年份互助」、加強生活保障等制度。他從中期來看精確的預測開始解說，包括兒童與生產年齡人口減少、高齡者增加等，得到相當高的關注，獲得日本二〇一一年新書大賞第二名，也是一百六十二位經濟學家、經營學家選出的二〇一〇年「最佳經濟書」第三名，銷量超過五十萬冊。

「原來如此，真的相當淺顯易懂呢！」

「現在這個論點已經變成常識了。兒童與老人較少，生產年齡人口較多的人口組成狀態，稱為**人口紅利**，可以想見這樣的狀態能夠帶來高度的經濟成長。日本的人口紅利在一九九〇年代中期達到高峰，美國則是在二〇〇〇年代中期。而生產年齡人口的前後，可以觀察到稱為泡沫景氣的榮景。

人口紅利的相反稱為人口負債，老人增加、兒童減少，勞動人口的比例減少的現象，事實上不只日本，許多先進國家都開始面臨『人口負債時期』。花錢消費的世代，也就是創造需求的世代減少，為了老後生活而減少花費、把錢存起來的世代增加，先進國家都逐漸進入這種人口動態對經濟帶來負面影響的時代。

不只花錢的人減少，人類壽命也延長到亞當．史密斯的時代難以想像的歲數。很多人在退休之後還要靠著儲蓄生活二十年以上，更是增強他們在工作期間減少花費，把錢拿去儲蓄的傾向，也讓經濟結構變得更

人口紅利

指人口構成變化對經濟成長帶來正面影響的狀態。勞動世代（生產年齡人口：十五～六十四歲）人口比例增加的速度，快過兒童與高齡者增加的速度，因此能夠推動經濟成長。這樣的人口組成不僅能減少教育、醫療、退休金等社會福利方面的負擔，也能增加稅收，減輕財政負荷，而且更容易將資金運用在基礎建設與稅制優惠上，這麼一來，不但能夠增強產業的國際競爭力，也多半能夠擴大內需。

附帶一提，日本的生產年齡人口在一九八〇年代達到高峰，日本經濟的成長也可是說是享受到人口紅利帶來的影響。人口紅利的相反狀態「人口負債」，則是指人口構成對經濟成長帶來負面影響。

加扭曲。

好了，說到這裡，我想妳也已經知道，我們將要面臨的是難以產生需求的全新時代了，妳有什麼想法嗎？」

「換句話說，這就是通貨緊縮的原因嗎？」

「是的。之後會再詳細說明，因為國家陷入通貨緊縮，政府透過降息來促進投資與消費，企圖創造需求，但這幾乎起不了什麼作用，最後利息甚至都降到零了，人們依然不肯花錢，還高興地存錢。在過去的經濟學常識中，從來沒有想過會發生這種狀況。從前用來治療經濟問題的方法完全不管用，使得政府陷入不知所措的困境。」

「那麼會發生什麼事呢？通貨緊縮無法改善了嗎？」

繪玲奈不安地問。

「這個話題我們之後再來討論。時間也差不多了，今天就到此為止吧！」

「下次要參考什麼漫畫或電影呢？教授。」

開始收拾東西準備回去的繪玲奈問。

「這，也不是每次都要看那些啦……不過，如果有空的話，請先看一看漫畫**《鋼之鍊金術師》**吧！」

教授一邊苦笑一邊說。

《鋼之鍊金術師》

荒川弘的日本漫畫作品和衍生作品。單行本共二十七卷，創下累計發行量超過六千萬本的紀錄。沒有連載漫畫常見的拖戲狀況，所有伏筆都經過縝密計算，是一部完成度極高的出色作品。以鍊金術存在的架空世界為舞台，靈感來自十九世紀工業革命時期的歐洲。

主角愛德華．艾力克與阿爾馮斯．艾力克是一對兄弟，他們在年幼時失去了最愛的母親，為了讓母親起死回生，他們進行了鍊金術中的最大禁忌「人體鍊成」，但鍊製失敗的反彈效應，讓愛德華失去左腳，阿爾馮斯則失去身體。愛德華在十二歲時成為國家鍊金術師，獲得「鋼」的稱號，他與阿爾馮斯為了取回原本的身體，踏上尋找擁有莫大力量的「賢者之石」的旅程。旅途中有無數的試煉等著艾力克兄弟。

故事中的鍊金術，是透過改變物質的組成與型態，創造另一種物質的技術和學問。鍊金術的基礎是「等價交換」，不可能無中生有，也不可能創造出性質不同的物質。在進行鍊金術時，一定要有作為原料的物質，要是構築式錯誤，或是企圖鍊製價值超過原料的物質就會招致失敗，有時甚至會發生反彈現象，對施術者帶來莫大的傷害。此外，世界上還存在著可以無視等價交換原則的鍊金術增幅器，稱為「賢者之石」。

Seminar No.4

當鍊金術師用盡了「賢者之石」

我們一直以來都生活在成長是理所當然的想法中，社會體系也是建立在這個前提之上。但這都只是近幾百年來發生的極端現象而已，絕對不是理所當然……

「我們前面已經討論了全新時代的來臨與人口減少、欲望飽和等議題。事實上，全新時代也從別的角度降臨。今天就來聊聊這件事吧！」

「什麼～還沒完嗎？」

繪玲奈露出受夠的表情說。

「嗯，這也是人類前所未有的經驗……」

「不會吧，又是這種規模的話題！嚇死我了。我從來沒有想到自己竟然出生在這樣的時代……」

繪玲奈一臉嚴肅地說。

「好了，先喝杯茶吧！紅茶可以嗎？朋友給我很棒的**伯爵茶**喔。」

教授在看起來與研究室格格不入的高級茶杯中倒入紅茶。

「請用。」

「謝謝教授。」

繪玲奈發現紅茶沒加糖。

「那個，沒有砂糖嗎？」

伯爵茶
加入佛手柑風味的調味紅茶。據說「伯爵」的名稱來自一八三〇年代的英國首相，第二代格雷伯爵查爾斯．格雷（Charles Grey）。

「什麼，妳要加糖嗎？」

教授一臉驚訝地說。

「我、我說了什麼奇怪的話嗎？紅茶不能加糖嗎？」

繪玲奈被教授的氣勢嚇到了，忍不住結巴。

「當然不能。這很野蠻，是邪魔歪道。」

「什麼意思？教授，我完全聽不懂。」

玲奈困惑地問。

「因為砂糖就像是《鋼之鍊金術師》中出現的『賢者之石』啊！」

「『賢者之石』嗎？我越來越聽不懂了。」

「不好意思，我忍不住就說出來了。既然如此，我就說明一下『賢者之石』的意義吧！」

「請務必告訴我，教授。」

「提到紅茶就會想到英國吧。妳對英國有什麼印象呢？」

「我沒有去過英國，所以這其實也只是我的想像。英國在我的印象裡是個紳士的國度，是披頭四誕生的國家，也是最早發起工業革命的先進國家，英國人都喝紅茶，既時髦又優雅。」

「嗯，會有這樣的印象也無可厚非。明治維新時期的日本，幕府與薩摩、長州分別在法國和英國的支援下展開內亂。最後薩摩、長州獲勝，新政府便以英國為範本，將日本推向先進國家之列。英國就像日本人的老師，所以日本人會對英國抱持著憧憬。因為再怎麼說，他們都是曾經統治世界的大英帝國嘛！」

「那麼，實際上又是如何呢？」

「英國位於歐洲的邊陲地帶，**十六世紀以前的英國**，簡單來說，就是鄉下吧！政治上也是一個弱小的國家，亨利八世為了鞏固都鐸王朝，還必須與來自西班牙的王妃聯姻。更早以前則是法國諾曼第公爵的領地，**統治階級都是說法語**。」

「咦！這樣嗎？」

繪玲奈吃驚地說。

十六世紀以前的英國

英國在與法國的百年戰爭（一三三七年～一四五三年）中戰敗，幾乎失去了所有在歐洲大陸的領地，再加上當時黑死病橫行，到了十四世紀末，英國人口減少到十四世紀初的一半左右，造成國內不滿的勢力抬頭，引發長達三十年血流成河的內戰——薔薇戰爭（一四五五年～一四八五年）。收拾這些混亂，建立統一政權的是都鐸王朝的始祖亨利七世（一四五七年～一五〇九年）。穩健派又具政治手腕的亨利七世，清楚知道英國是歐洲的小國，不像之前的國王那樣想得到法國的領土。十六世紀的都鐸王朝，國王的力量雖然增強，但主要是因為英國貴族在長年的薔薇戰爭中變得疲乏，過去能夠與國王對抗的有力貴族消失。儘管英國國王在國內擁有絕對的力量，但是

「是的，所以英語中有很多語源來自法語的單字，據說是全世界包含最多外來語的語言。」

「我以前完全不知道！英國竟然是鄉下啊……」

「雖然如此，英國卻在十八世紀成為執世界牛耳的國家。」

「他們是怎麼辦到的呢？」

「關於這點，我接下來會依序說明。在此之前，先讓我們結束『賢者之石』的話題吧！喝紅茶的時候加砂糖是英國人的地位象徵，掌握世界霸權的英國人以這樣的行為來誇耀自己的財富。英國在確立了世界霸主的地位之後，就從世界最西邊的加勒比海進口由奴隸製造的砂糖，從最東邊的印度進口當地的紅茶，並將兩者混和在一起。

他們把當時屬於高級品的砂糖與茶混和，向世人炫耀『我統治了由西到東的世界』，是一種暴發戶的嗜好。亞洲人應該完全無法想像把茶加糖喝吧？看在爭輸霸權的法國人眼中，說不定會因為鄉下人的荒謬行徑而大發雷霆呢！」

在歐洲依然是個小國。一般認為，英國的發展始於都鐸王朝最後的女王伊莉莎白一世，據說她為了維持英國的獨立，拒絕聯姻，一輩子單身。不過，英國也無法與已經航向遠洋的大國西班牙正面對抗，只能組織名為海軍的海賊，襲擊西班牙船，進行掠奪。

統治階級都說法語

現在英國王室的始祖威廉一世，原本是法國西北部諾曼第公國的國王。一〇六六年威廉一世侵略英國，即位成為英國國王，幾年之後，完成諾曼征服，將舊統治者處刑或流放，國家中樞從此由諾曼人掌握。諾曼人原本是在八世紀左右來到歐洲的北歐日耳曼民族，也就是所謂的維京人。西元九一一年，維京人侵略法國西

「這真是太驚人了，改變了我對英國人的印象。」

「在漫畫《鋼之鍊金術師》的世界觀中，鍊金術不能無中生有，只能改變原有物質的結構，換句話說，鍊金術是有限制的，也就是只能進行『等價交換』。但是，世界上還存在著一種夢幻的鍊金術增幅器——『賢者之石』，能夠不受等價交換原則的限制，鍊成任何東西。漫畫在最後揭開了賢者之石的真面目，竟然是以活生生的人為代價，鍊出高密度的靈魂結晶能源體。換句話說，賢者之石就是人。砂糖是英國人透過奴隸貿易從非洲運來黑奴，壓榨他們生產的『汗水與血淚的結晶』，所以，砂糖不就是『賢者之石』嗎？

英國人不是因為好喝才將砂糖與紅茶混在一起，而為了誇耀自己的霸權，可說是既野蠻又沒品的行為。」

「這聽起來很有趣，應該說很驚人。原來還有這樣的歷史。」

「接著再回到我們的主題『全新時代』。想要了解我們生在什麼樣的時代，必須先知道我們現在生活的世界是怎麼形成的。」

北部，與西法蘭克國王談和，建立了諾曼第公國。他們為了確保定居地，急速法國化，不僅改信基督教，甚至放棄母語，開始說法語。

諾曼人確立了在英國的統治之後，宮廷逐漸淘汰英語，改說法語（只不過是帶有諾曼腔的法語）。不過，諾曼人不僅變得法國化，也透過與英國人結婚，變得英國化。結果通用語雖然是法語，英語也作為英國人的母語保留下來。對諾曼人來說，英語成了第二母語。到了一三三七年，英法百年戰爭開始，法語受到敵視，英語奪回通用語的地位。然而，英語因為有了這段歷史原委而大幅變質，出現了大量借用法語的語彙。

我先從結論說起，資本主義的歷史，其實也是『賢者之石』的爭奪史。然而，進入全新時代，也代表『賢者之石』已經用盡了。我不是歷史專家，我們就以美國的社會學家兼歷史學家伊曼紐・華勒斯坦提倡的**近代世界體系理論**為基礎來思考吧！」

「好的，麻煩教授了。」

「近代世界體系理論顛覆了現今教科書採用的歷史思考方式與常識，是非常有趣、而且切中本質的觀點。我們會形容一個國家是『先進國家』或『落後國家』吧，先進國家發展較快，落後國家發展較慢，這種思考方式是將國家發展擺在同一條軌道上，落後國家總有一天會變成先進國家，這稱為『單線發展階段論』。但是近代世界體系理論不採取這種思考方式，而是以同一時代的斷面來看這件事。」

「同一時代的斷面是什麼意思？」

「舉例來說，英國已經成為高度工業化的先進國家了，但是落後國家，例如印度還沒有充分工業化，站在同一時代的角度看，這不是因為

近代世界體系理論

美國社會學家兼歷史學家伊曼紐・華勒斯坦（（Immanuel Wallerstein））提倡的「巨觀歷史理論」，不將國家視為獨立的單位，而是以更廣泛的世界觀點來考察近代世界的歷史。理論的細節雖然引來許多專家反駁，但是把世界當成一個整體的綜合性視角，各界普遍都承認其重要性。

此外，本章的內容參考川北稔在放送大學在開設的課程「歐洲與近代世界」。

印度發展較遲緩，而是在英國工業化的壓力之下，印度要發展工業化變得不容易，甚至還朝著相反方向的『低開發化』前進。換句話說，兩個國家在同樣的時間軸上，分別沿著不同的路線走到今天。」

「您的意思是，落後國家是沿著另一條會發展為落後國家的路線前進嗎？」

「沒錯。落後國家之所以發展遲緩，不是因為沒有投入資本開發，或是因為人民懶惰不努力，而是因為他們被迫成為先進國家，也就是工業化國家的食材與原物料生產地，並且針對這部分投入大量資本進行開發，結果造成社會與經濟一踏糊塗，這就稱為『低開發化』。」

「簡單來說，就是讓落後國家為先進國家做牛做馬的機制嗎？」

「是的。說得更清楚一點，就是落後國家成為幫助先進國家發展的『賢者之石』。在後續的說明中，『低開發化』是非常重要的關鍵字，要好好記住喔。

近代世界體系理論將成為先進國家的地區稱為『核心』，低開發化的地區則稱為『邊陲』。這個理論認為，世界是整合成一個經濟圈的系統，所有國家都只是構成這個系統的要素，邊陲附屬於核心，形成世界性的分工體制。歷史並不是以國家為單位運轉，這就是近代世界體系理論的中心思想。」

「原來如此。這非常新鮮有趣，跟學校教的世界史完全不同呢。」

「教科書採用的是單線發展階段論，也就是認為落後國家總有一天會追上先進國家。我們都置身於這個世界體系當中，接著就來看看它是在什麼樣的脈絡下開始的吧！這個世界體系最初源自於貧窮的歐洲對富裕的亞洲的憧憬。」

「什麼？貧窮的歐洲與富裕的亞洲？這是真的嗎？與現在的印象完全相反呢！」

「教科書以最後成為世界『核心』的歐美為中心來介紹歷史，所以缺乏歐洲發展落後的感覺，但是直到中世紀為止，歐洲在亞洲與伊斯蘭文化圈的眼中，都是非常貧窮的世界。當時就是所謂的『黑暗時代』。

古代的歐洲，例如希臘、羅馬一般，擁有進步的哲學、幾何學、天文學等學問，但是到了中世紀，歐洲受基督教統治，科學發展不僅停滯，甚至還倒退。舉例來說，古代的歐洲人明明知道地球繞著太陽公轉，但是到了中世紀，卻變成地球是平面的，動的是天空。」

「啊，就是伽利略說的『但是地球依然在轉動』……」

伽利略的偉人傳記是繪玲奈小學時候的課外讀物，對於伽利略遭受到不合理待遇，在她腦中留下了令人同情的印象。

「沒錯，據說伽利略受到宗教審判，被迫承認天動說時，低聲說出了這句話。那時候的歐洲被基督教、天主教搞得一團亂。民眾看不懂拉丁文寫的聖經，因而聽信教會說的話，花錢買下贖罪券這種前往天堂的入場券。然而，當時屬於先進地區的亞洲中國發明的印刷術傳入歐洲，促使翻譯成當地語言的聖經普及，天主教的騙術敗露，因此出現了反抗天主教的新教。」

「光讀教科書不會知道，原來中世紀的歐洲這麼糟糕啊！」

馬可．波羅（一二五四年？～一三二四年）

翡冷翠共和國的商人，在亞洲各地旅行長達二十四年。回國

「是啊。歐洲的封建社會在十五世紀左右面臨崩壞的危機。當時世界上有四到五個經濟圈，現在爬上近代世界體系核心位置的西歐，在當時不屬於任何一個經濟圈，只不過是邊陲而已。經由絲路傳來的亞洲物品相當精美，**馬可．波羅**的《東方見聞錄》等書籍，也將亞洲是個豐饒的寶地，在那裡有**黃金之國**等訊息傳到歐洲。這種氛圍讓歐洲認為自己不能再這樣下去，必須向外發展。

對於富足亞洲的強烈憧憬，就這麼驅使著歐洲人往亞洲前進。但是東邊有伊斯蘭教的鄂圖曼帝國的龐大勢力，無法經由陸路前往亞洲，所以最早出海航向亞洲的是位於歐洲最西邊的西班牙與葡萄牙。原本位於『邊陲』的歐洲就這樣逐漸變成『核心』，近代世界體系也開始運轉。

到這邊為止有問題嗎？」

「沒有。接下來發生什麼事情呢？教授。」

從來沒有聽過的有趣故事，繪玲奈不自覺地把身體往前傾。

「接下來就展開了所謂的**大航海時代**。葡萄牙朝著東方航行，開

後自願投入與熱那亞之間的戰爭，後來被捕下獄，獄友魯斯蒂謙是一名作家，馬可波羅便向他口述亞洲之旅的見聞。《東方見聞錄》就是就根據當時的口述寫成。

黃金之國

馬可．波羅自己沒有去過日本，但他在中國聽說日本開採出大量黃金，宮殿與民宅都以黃金建造，因此使用「黃金之國吉龐」來介紹日本。

大航海時代

十五世紀中期至十七世紀中期，歐洲人基於殖民主義，出海前往印度和其他亞洲國家，以及美洲大陸。

創一條繞過非洲大陸往亞洲前進的航路。起步較晚的西班牙則認為，如果地球是圓的，一直往西前進應該也能抵達亞洲，所以**哥倫布**橫渡大西洋，朝著印度出發，結果發現了新大陸。據說哥倫布到死為止都相信那裡就是印度。

於是，西班牙與葡萄牙就分別以新大陸和亞洲為勢力範圍展開活動。在此之前，我想先讓妳了解一下這時代的歐洲人有哪些特徵。如果不了解這一點，接下來可能會聽不太懂。」

「我已經知道他們很貧窮了。」

「中世紀歐洲的特徵是，雖然農業生產力很低，經濟完全不行，但軍事技術與其他世界相比卻非常發達。我等一下會說明這是為什麼。首先，妳知道**文藝復興**的三大發明是什麼嗎？」

「抱歉……我不知道。」

「沒關係。這三大發明就是剛才提到的印刷術，以及火藥與羅盤。這三樣東西雖然號稱是文藝復興的三大發明，實際上只不過是將**中國在**

哥倫布（一四五一年左右～一五〇六年）
探險家、航海家、奴隸商人。據說出身自義大利的熱那亞，是大航海時代最早抵達美國海域的歐洲人之一。

文藝復興（Renaissance）
在法語中是「再生」、「復活」的意思，是一場文化運動，目的是為了復興因基督教統治而失去的希臘、羅馬時代文化。始於十四世紀的義大利，最後推廣到西歐各國。

更早以前發明的東西傳入歐洲，進行改良而已。總而言之，歐洲揮別迷信基督教的暗黑中世紀，展開文藝復興，這些技術也讓歐洲社會開始改變。

未經訓練的人也能輕易使用槍砲，武器的普及，降低了中世紀領主、貴族等騎馬打仗的專家的軍事優勢。加上經濟低迷，領主與農民經常針對作物的分配展開紛爭，原本只想為所欲為，不把中央王權放在眼裡的領主與貴族，因為無法鎮壓農民的判亂，不得不開始依附國王。結果就像世界史課本提到的，歐洲在十六世紀左右建立了君主專制制度，儘管鬆散，卻也開始形成民族國家。」

「民族國家是什麼意思呢？」

「現在的國家就是民族國家，也就是像日本人或法國人，擁有同樣身分認同的人聚集在一起，形成國家。不過，國家的概念在中世紀的歐洲仍相當模糊，如果問中世紀的人從哪裡來，他應該不會回答國家的名稱，而是會回答莊園或教區的名稱吧！當時所謂的國家，只不過是國

中國在更早以前發明

中國在西元前兩世紀左右發明紙，在七世紀左右就開始使用木版印刷，在十一世紀左右使用陶製活字印刷，並且在十三世紀左右將金屬活字印刷傳到朝鮮半島，青銅製活字也出現在高麗。

撰寫於中國唐朝（六一八年～九〇七年）的《真元妙道要路》中，出現將硝石、硫磺、炭混和在一起容易引起燃燒或爆炸的記述，這個時期可能已經發明了黑色火藥。

關於指南針最早的文獻記載，據說是在十一世紀，中國沈括撰寫的《夢溪筆談》中。

造紙、印刷、火藥與羅盤被稱為中國古代四大發明。

王透過封建關係，將許多領主、貴族的土地草率地圈在一起形成的共同體而已。雖然不完全，國王依然成為國家整合的中心，也就是主權掌握者。」

「原來如此，我懂了。」

「我們再接續剛才的話題，君主專制制度建立之後，原本模糊不清的領域、國境都必須明確界定才行。」

「的確有這需要。」

「但是，妳覺得一堆國家擠在狹窄的歐洲大陸，會發生什麼事？」

「戰爭嗎？」

「答對了。君主專制時代的歐洲戰事頻繁，高中世界史課本也介紹了將近二十場這個時代的戰爭。結果歐洲各國爭相開發武器，運用火藥的技術變得比原本發明火藥的中國還要進步。最後，十六世紀的歐洲在武力方面壓倒性地勝過了同時期的亞洲。」

「一開始只是農民因為貧窮而互相搶奪，為了在搶奪中獲勝才發展

戰爭非常花錢

瑞士出身的軍人兼軍事學家安東莞—亨利．約米尼（Antoine-Henri Jomini，一七七九年～一八六九年）認為，戰爭的理論構成有三大要素，除了「戰略」與「戰術」之外，「後勤」的重要性也不下於前兩者。他主張後勤在軍事理論當中占據了主要地位，並非只是輔助。「外行談論戰略，內行談論後勤」這句格言即強調後勤的重要性。

軍事力量，最後變成國與國之間的戰爭嗎？」

「是的。想在戰爭中獲勝，資金很重要，因為**戰爭非常花錢**。但是就像剛剛所說的，歐洲生產力低落，所以只能向外發展，他們的目標就是黃金之國。這時候，第三項發明就登場了。」

「您說的是羅盤吧！」

「沒錯，這可是讓歐洲人向外發展的重要發明呢！」

「教授我有個問題，為什麼富裕的伊斯蘭圈或中國等地區，沒有比歐洲更早成為『核心』，建立世界體系呢？」

「妳的問題很好。發明羅盤的中國，早在**達伽馬**與哥倫布航向世界的七十年前，明朝武將**鄭和**就已經展開七次大航海了。鄭和的船隊共有多達六十二艘的大船，人數達到兩萬八千人，規模之大，是只有九十人左右的哥倫布船隊遠遠比不上的。但自此之後，中國就不再出海了。中國只要待在亞州，就能過著富足的生活。明清時代的中國與伊斯蘭教的鄂圖曼帝國都是政治上統合的帝國，武力由中央獨占，不像歐洲到處發

後勤指所有在戰爭地帶後方的軍事活動，包含物資的補給與整備、兵員的配置與衛生、設施的建設與維持等等。可想而知，維持後勤需要龐大的金錢。一提到戰爭，大家都會先想到戰鬥的場景，認為戰鬥能力的高低將決定勝負，但事實上，當戰爭規模變大、時間拉長時，能不能維持後勤，也就是資金力量的高低，才是決定勝負的關鍵。

達伽馬（一四六〇年左右～一五二四年）

葡萄牙的航海家兼探險家。他是最早從歐洲航海繞過非洲南岸，抵達印度的歐洲人，是最早發現前往印度航路的歐洲人。葡萄牙因為開拓了這條航路，建立了海上帝國的基礎。

生國與國之間的衝突，社會遠比歐洲來得和平、有秩序，因此也沒有理由非得冒著未知的風險前往遠方。這就是為什麼伊斯蘭圈或中國沒有形成世界體系。

相反地，當時的歐洲在文化與文明方面落後其他地區，可以說是透過掠奪來解決自身經濟危機的野蠻人。十六世紀之後的世界史，大致來說，就是這些人帶著在歐洲內部戰爭中磨練出來的武力，向外侵犯過著和平生活的其他經濟圈，透過暴力將這些經濟圈納入以自己為核心的世界體系的過程。歷史學家保羅．甘迺迪的大作**《霸權興衰史》**中也指出，這個時代的歐洲總是戰爭不斷，而在戰爭中誕生的軍事革新則與經濟發展有關。」

「原來如此，和課本寫的完全不一樣，讓我大開眼界。」

「嗯，課本很難寫得這麼清楚吧，因為歐洲說不定會抗議呢！」

教授苦笑著說。

「不過非常有趣呢。歷史如果只是默背真的很無聊，但知道了背景

鄭和（一三七一年～一四三四年）

中國明朝的武將。色目人（中國歷史上的人種分類之一，指維吾爾族等西域諸國出身者）、伊斯蘭教徒。雖然以宦官身分侍奉永樂帝，卻因為立下軍功而獲得重用，奉命指揮前往南海的七次大航海。

《霸權興衰史》（*The Rise and Fall of the Great Powers*）

歷史學家保羅．甘迺迪（Paul Kennedy）的著作，一九八七年出版，探索大國政治、經濟的抬頭與衰退的理由。這本書在一九八〇年代成為美國的暢銷書，當時美國正抱著雙赤字

和趨勢之後，就會湧出興趣！學校為什麼不用更容易理解的方式教歷史呢？」

繪玲奈心想，如果早點知道這些，就會認真一點去讀以前覺得最麻煩、最討厭的歷史，考大學時也不會這麼辛苦了。

「好了，回到剛才的話題，我們簡單講一下葡萄牙與西班牙吧。地理上位於歐洲最西邊的葡萄牙，雖然率先航向亞洲，但當時的亞洲各國富足強盛，即使從歐洲帶貨品過去也沒有什麼好賣的，最後只能成為亞洲交易圈的一員，得不到多大的實際成就。相反地，往西半球前進的西班牙就不同了，西班牙將抵達的地方納入世界體系。

哥倫布發現美洲大陸之後，西班牙的美洲殖民地急速發展，最後擴及南美全域。西班牙人相信新大陸就是黃金之國的傳說，所以他們一開始的目標就鎖定黃金。儘管他們先搶奪當地人的黃金，但新大陸開採的黃金原本就沒多少，讓他們大失所望。而且新大陸與富足的亞洲相比，似乎沒有可以在歐洲賣出高價的商品，西班牙人在無可奈何之下只好自

（經常赤字與財政赤字），霸權開始動搖。

己開發。他們強迫原住民付出勞力，種植蔗糖、開挖銀山。但是他們從歐洲帶來的病毒，讓沒有免疫力的原住民一個接著一個病死。西班牙人為了填補不足的勞力，與統治西非的葡萄牙簽訂契約，強制將黑奴載往新大陸做苦力。」

「果然很殘暴啊！」

「是啊。西班牙國王**哈布斯堡家族**透過這種方式取得大量白銀，企圖藉此躍升成為歐洲霸主，統治整個歐洲，最後卻因為失敗而破產。哈布斯堡家族失敗之後，拿破崙也做了同樣的嘗試，但依然失敗，之後希特勒也同樣失敗。要在歐洲創造一個政治整合的世界帝國很困難，因為維持軍事和官僚的費用太高了。相反地，如果將歐洲以外的地區納入成為一個經濟整合的體系，就能運作得很順利。這就是創造大規模分工體制，將世界經濟一體化的世界體系。」

「那麼在這層意義上，現在的美國處在什麼樣的地位呢？」

「妳提到一個很好的觀點。美國雖然沒有統一世界，但是擁有強大

哈布斯堡家族

在現在的瑞士境內崛起的德國貴族家系，自稱是古代拉丁貴族儒略家族（凱薩家系）的後裔，利用中世紀的血緣制度聯姻，獲得廣大的領土，發展成為代表南德的大貴族。從中世紀到二十世紀初，在中歐擁有龐大的勢力，成為奧地利公國、西班牙王國、那不勒斯王國、托斯塔尼大公國、波希米亞王國、匈牙利王國、奧地利帝國等大公、國王、皇帝的家系。後來雖然被架空，但是從

的軍隊，而且幾乎可以說將世界經濟整合起來。自從哥倫布發現新大陸之後，我們就處在歐美各國建立的世界體系中，核心國家就是現在的美國。」

「那麼教授一開始說的五百年的尺度，就是從哥倫布發現新大陸算起吧？」

「妳記得很清楚呢！」

「當然，因為我有好好複習啊。」

「我真是太感動了。那麼我繼續說下去。到了十七世紀，在西班牙之後下一個出海的國家是荷蘭。世界體系的擴大雖然到十七世紀就停止了，但是歐洲各國開始爭奪核心國家的地位，而勝利者就是荷蘭。荷蘭靠著造船技術建立優勢，藉此往上爬。對於當時的戰爭來說，船相當重要。造船技術可以活用在漁業與海外貿易，使得荷蘭無論在各種產業都能夠與其他國家拉開距離。像這樣在各方面都建立起優勢的國家稱為霸權國。荷蘭是最早的霸權國，接著是英國，再接下來是美國。」

中世紀以來一直保持神聖羅馬帝國的皇帝地位，統治幾近德國全境，帝國解體之後，依然獨占奧地利與德國聯邦議長的地位，一直到俾斯麥統一德意志帝國，將其排除之前，形式上都是德國人的君主。

西班牙系的哈布斯堡家族，在一五八〇年到一六四〇年間兼任葡萄牙王，腓力二世在位時達到全盛期。西班牙成為歐洲第一強國，實現了「日不落帝國」的地位。

「這個我知道。就是大不列顛和平時代與大美和平時代吧！但我不知道荷蘭以前也一樣。」

繪玲奈露了一手在這學期選修的國際關係論中學到的知識，她聽說很好拿學分才去修的。

「關於荷蘭是否為霸權國還有爭議，不過我們就先當它是吧！很有趣的是，這些霸權國的發展與衰敗都循著相同的模式。第一階段靠著獲得優勢的農業與工業提高生產力，第二階段開始發展商業，最後再發展金融業。衰敗的順序也和發展一樣，先是農業與工業失去競爭力，接著商業也變得不行，最後只剩金融業留下來。荷蘭的霸權在十七世紀末開始動搖，但阿姆斯特丹的金融影響力直到十八世紀後半都還在。」

「這麼一說，現在的倫敦也還有許多金融機關呢，確實是如此。」

「妳說的沒錯，現在英國的霸權雖然已經結束了，但倫敦依然是金融業的中心。此外，霸權國因為占有競爭優勢，往往會主張自由競爭，他們認為自己能夠在自由競爭中獲勝。荷蘭以前也提倡自由貿易與海洋自由論。」

「現在的美國採取自由主義，這也因為美國是霸權國的關係嗎？」

「沒錯。因為對霸權國來說，自由是能夠輕易獲勝的方法，所以他們主張『根據我們的規則自由競爭吧！』這個規則就是現在所謂的國際標準。因此霸權國的中心都市，世界體系的大都會都有一個特徵，就是這個都市會成為全世界自由主義最興盛的地方。世界各國被放逐的流亡者、藝術家、學者，以及經濟難民都會聚集到這裡，換句話說，這個都市成為類似世界體系難民營一般的地方。紐約就是現在世界體系的大都會，各式各樣的人都會聚集到這裡。」

「好想去紐約啊！」

「像這樣了解歷史之後，去各個地方都有一種恍然大悟的感覺，真的很有意思喔！」

「真的呢！我開始想要好好學歷史，趁著還是學生的時候到世界各地去看看。」

「接下來輪到英國登場。英國是世界上第一個所有人都認可的世界體系的勝利者，也就是霸權國。如同我之前所說，十六世紀的英國只不過是歐洲的邊陲地帶，經濟狀況非常嚴峻，所以他們選擇冒著風險航向海外。

沒有例外地，英國採取**武力解決**的方式，不斷透過戰爭與歐洲其他國家搶奪殖民地的利益，並且在戰爭中獲勝。舉例來說，英國在十七世紀的時候與荷蘭打了三場仗，也與法國打了第二次百年戰爭。英國透過在這些戰爭中獲勝而掌握霸權，將全世界海域據為己有，並且建立了『英國商業革命』這個透過貿易大發利市的機制。」

「這就是教授在課堂一開始所說的，紅茶與砂糖的故事吧！」

「是啊。英國人將武器和便宜的棉織物、飾品等運到非洲，交換黑奴，他們將黑奴載往加勒比海，強迫他們種植蔗糖、香菸、棉花等作物，作物收成後運回英國加工再重新出口。奴隸貿易是這個貿易系統的基礎，從中可以獲得**數倍的暴利**。壓榨黑奴產生的利益累積起來，就是

武力解決

英國之所以能在戰爭中取得優勢，是因為在資金調度等財政面占優勢的關係。軍事能力對於戰爭來說雖然重要，但麻煩的是資金能力。英國在光榮革命之後早一步脫離中世紀的封建制度，確立了近代的租稅制度，以關稅、消費稅、直接稅與國債等支撐國家財政，並且為了調度戰爭費用，在一六九四年成立接收國債的英格蘭銀行。

數倍的暴利

就任加勒比海新興獨立國家千里達及托巴哥共和國首任總理的黑人歷史學家艾里克·威廉斯（Eric Williams），在一九四四年的著作《資本主義與奴隸制》（*Capitalism and*

引發工業革命的資本，英國於是成為全世界最早工業化的國家。」

「黑奴開啟了工業化，就像是『賢者之石』。那麼反過來說，英國工業革命只是偶然嗎？」

「沒錯。事實上，工業革命不管由哪個國家發起都不奇怪。因為除了英國之外，還有好幾個國家都具備工業革命需要的科學技術，這些國家也都能夠取得煤炭等化石燃料。現在最有力的想法是，只有英國累積了工業化所需的資本。從前都宣稱是因為英國人優秀、勤奮，所以才能發動工業革命，但事實上，這是因為他們使用了『賢者之石』。」

「竟然是這樣，真的顛覆了我原本對英國的美好想像。英國人發動工業革命，實際上是因為使用了『賢者之石』，這急轉直下的劇情，簡直像電影一樣。」

「我們平常穿的衣服是所謂的洋服。大家之所以把洋服當成平常穿的衣服，是因為這五百年來全世界都被納入西歐的體系，核心的西歐成為時髦、進步的象徵。

Slavery）中，對英國工業革命的起源提出全新的解釋，他認為工業革命源自於奴隸貿易。雖然這個解釋在剛發表時遭到忽視，但之後贊成方與反對方展開爭論直到現在。

他的基本論點是，奴隸貿易與奴隸制度的利益累積的資本，成為英國工業革命直接或間接的要因。如果反過來，先實現工業革命，確立產業資本，奴隸貿易的收益就會降低，這麼一來，到了十九世紀奴隸貿易與奴隸制度就會廢除。威廉斯主張，十八世紀前半利物浦許多奴隸貿易船的利益率超過一〇〇％，有時甚至達到三〇〇％。

反過來說，如果豐臣秀吉征服中國，日本成為開啟世界體系的核心，現在全世界的人或許會覺得穿和服、梳髮髻是很時髦的事呢！」

教授笑著說。

「真的假的，這有可能嗎？」

「好了，不開玩笑。英國值不值得崇拜，只要去到大英博物館就知道。大英博物館是達到世界頂點的英國從世界各地搜刮而來的贓物展示場，裡面幾乎沒有自己國家的東西。我想，就文化這層意義來看，英國相當有問題啊！」

「原來如此。」

「言歸正傳，世界體系就像這樣，為了追求成長而不斷往全世界擴大。英國以外的西歐各國，也開始拚命在全世界爭奪殖民地，也就是『賢者之石』。工業化成功的西歐生產力不斷提高，軍事力量也逐漸增強，最後，在中世紀時比西歐富足、進步的亞洲與伊斯蘭圈，到了近代就被西歐壓倒性的軍事力量所壓制。

原本是泱泱大國的中國在鴉片戰爭中敗給英國，伊斯蘭教大帝國鄂圖曼土耳其也在第一次世界大戰中戰敗。中世紀時原本屬於邊陲的西歐一躍成為世界體系的核心。如同我一開始所說的，核心為了成長，強迫邊陲成為供給他們食材與原物料的生產地，並且猛烈地投入資本針對這方面進行開發，把邊陲的社會與經濟扭曲得亂七八糟。這就是『低開發化』。」

「嗯，剛剛提到的『低開發化』嗎？我有好好記住喔。」

「世界體系也在另一層意義上造成問題，我也先順便提一下。現在我們所看到難以理解的中東問題，最主要的原因就來自鄂圖曼土耳其帝國被世界體系吞噬而解體。」

「中東地區為什麼會有那麼多衝突呢？我忍不住覺得伊斯蘭教真可怕。」

「伊斯蘭教其實一點都不可怕，問題在於環境，是環境創造出伊斯蘭基本教義派的極端份子。中東原本是東西方文明的交會處，各種民族與各種宗教信仰的人都在這裡生活。鄂圖曼土耳其帝國的大框架雖然是伊斯蘭教，但也容許多元信仰，與清一色信仰基督教，不容許其他宗教存在的西歐可說是鮮明的對比。

但是世界體系破壞了這個有秩序的世界，他們擅自畫出國境線，隨自己的喜好瓜分地盤。換句話說，直到某個時間點以前完全屬於不同民族與宗教的人，在不知不覺間被圈在一起，形成一個國家。舉例來說，像伊拉克這個國家，就是強迫**遜尼派**、**什葉派**與**庫德人**這些關係不好的人住在一起建立的體制。」

「這麼做只會製造紛爭不是嗎？」

「是啊，妳說的沒錯。伊拉克人不像日本人，擁有統一的身分認同，而是西歐人因為自己方便，擅自強迫住在那裡的人成為伊拉克人，而且這些人彼此關係很差，根本不可能整合成一個正常的國家，只能靠獨裁政權治理，這也是海珊以暴力方式掌管政權的原因。」

「我怎麼覺得世界體系因為自己方便，就把別人搞得亂七八糟！」

遜尼派、什葉派

伊斯蘭教的兩大教派。伊斯蘭教的對立，起源於穆罕默德去世。在七世紀開創伊斯蘭教的穆罕默德沒有決定繼承人就去世了，加上直系男子早逝，沒有人可以繼承，引發了最源頭的混亂。伊斯蘭教從此分成不執著於血統，重視繼承穆罕默德確立的規範（聖訓）與教義的遜尼派，與重視繼承穆罕默德血統的什葉派，兩方展開關於繼承人的紛爭。但遜尼派與什葉派在教義上沒有決定性的不同，現在對立的原因，或許可以說是因為遜尼派對什葉派的鎮壓。

庫德人

庫德人的居住地，位於從中世紀到近代都保有廣大版圖的鄂

「沒錯。更麻煩的是，英國在第一次世界大戰時，為了說服猶太人融通戰爭資金，玩弄**三面外交手法**。他們與猶太人約定將幫助猶太人在巴勒斯坦建國，與阿拉伯人約定要幫助阿拉伯人獨立，這些彼此矛盾的約定成為中東戰爭的火種，造成了今日的混亂。」

「所以中東地區的複雜問題其實是世界體系造成的啊！我本來都不知道。」

「事實就是如此。只要了解歷史，就會知道海珊的獨裁是必要之惡，即使強行灌輸他們民主主義也無法發揮功能……話題扯遠了，讓我們拉回來吧！

渴望成長的世界體系就這樣不斷地將世界吞噬，最後將整個世界都扯進來，地球上已經幾乎沒有不在這個世界體系裡的地方了，剩下的大概只有非洲的秘境吧！換句話說，最後美國成為霸權國家，完成了世界體系。從前那些霸權國家的發展、衰退過程，也同樣在美國上演。現在的美國已經進入霸權國家的衰退期，就像其他沒落的霸權國家一樣，逐

圖曼帝國。然而，鄂圖曼帝國在第一次世界大戰時戰敗，英國與法國根據賽克斯—皮科協定，隨意畫出國境線，將其分為土耳其、伊拉克、伊朗、敘利亞、亞美尼亞等國家。造成庫德人成為沒有自己國家的世界最大民族集團。據說其人口有兩千五百萬至三千萬人，這樣的人口即使形成一個國家也不奇怪，媒體採用「少數民族」來形容並不恰當。像這樣把「被分開的民族」當成「少數民族」來處理，讓土耳其、伊拉克、伊朗等伊斯蘭國家產生自己國家內的庫德人遭到迫害的印象，給予歐美介入伊斯蘭國家的餘地，可以感受到歐美國家企圖隱瞞自己實行自私外交政策帶來的結果。這是歐美操作媒體資訊的絕佳例子。

漸失去製造業的優勢，還占據優勢的只剩下金融業。然而，只要世界體系不會再擴大，或許就無法再像從前那樣誕生下一個霸權國家。」

「這就是教授一開始所說的，『賢者之石』已經用完了嗎？」

「是的。貪婪追求成長的世界體系已經用光了『賢者之石』，達到體系的上限。核心的成長終於停了下來，於是大家開始樂觀地期待，過去受到先進國家的影響而徹底低開發化的發展中國家，或許會開始成長，反過來推動先進國家。從邊陲變成核心，這種站在世界體系理論的角度看根本不可能發生的矛盾故事，到了二十一世紀卻成為討論的話題。妳知道**金磚四國**吧？」

「我有聽過。」

「這是巴西、俄羅斯、印度、中國四個邊陲國家成長，帶動世界經濟發展的劇本，但是這個劇本採取的是單線發展階段論的思考方式，前提是落後國家總有一天會進步，也就是認為印度總有一天會變得像英國一樣。但這個理論**雷聲大雨點小**，最近看不見預期的成長，情勢發展變

三面外交手法

這個事件可說是中東問題的開端。英國在第一次世界大戰中，面對戰後的中東問題，締結了分別考慮阿拉伯、法國與猶太的三個矛盾協定。

①海珊—麥克馬洪協定（一九一五年）：英國外交官亨利．麥克馬洪（Henry McMahon），為了在鄂圖曼土耳其帝國統治的中東引發阿拉伯人叛亂，威脅土耳其，便與阿拉伯半島的遊牧民族，聖地麥加的謝里夫海珊（Hussein Bin Ali）約定要幫助阿拉伯人建國。

②賽克斯—皮科協定（一九一六年）：英國、法國、俄羅斯之間締結的密約。英國的中東外交家馬克．賽克斯（Mark Sykes），與法國外交官弗朗索瓦．皮科（François Georges-Picot）

得很不妙。低開發化的邊陲還是走向與核心不同的道路，無法以同樣的方式成長。」

「換句話說，先進國家沒落了，原本期待可以幫助自己的發展中國家，也因為過去將他們當成『賢者之石』使用而搞得一團亂，最後還是發展不起來。」

「就是這樣。所謂的低開發化，指的是核心為了方便統治，破壞了邊陲的社會秩序。面對從西歐來的新統治者，原來的統治階級也不會那麼容易就乖乖聽話，所以這些西歐人便找來統治階級之外、會聽自己的話的人，透過重用他們來進行統治。

舉例來說，假設這個地區原本就存在著受壓迫的少數族群，他們會對來自核心的統治者言聽計從，因為這對他們來說是翻身的機會。這些忠實聽從核心統治者的少數族群，就這樣翻轉身分，獲得較高的地位與支配權力。於是，一直以來累積的恨意，可能導致他們做出壓榨與暴虐的行徑，理所當然會破壞原本安定的社會秩序，造成社會道德低落，衝

協議，將鄂圖曼土耳其帝國耶路撒冷至巴格達連線以北的領土劃為法國的勢力範圍，以南劃為英國的勢力範圍，巴勒斯坦則由國際管理。

③貝爾福宣言（一九一七年）：英國外務大臣亞瑟·貝爾福（Arthur James Balfour）送了一份約定「幫助猶太建國」的書簡給萊昂內爾·羅斯柴爾德（Lionel Walter Rothschild）。有一個說法是他只答應幫助建立猶太人的居住地，因為宣言中雖然寫著National Home，但並沒有使用國家這個字。他的目的是說服猶太出錢資助戰爭。

一九一七年十一月，在俄羅斯革命中誕生的俄羅斯政府，揭露了舊俄羅斯帝國的賽克斯—皮科協定與秘密外交，阿拉伯、猶太在知道這個秘密外交的矛盾內容之後，強烈譴責英

突與混亂不斷，但這對於核心統治者來說，反而是絕佳狀況。」

「對他們來說，亂七八糟比較好嗎？」

「是的。對核心來說，要是自己成為不平與不滿的對象，那才麻煩，如果邊陲的能量都用在內部矛盾上，這對統治來說就是絕佳狀況。核心原本就對壓榨邊陲以外的事情不感興趣，就算社會扭曲了也不在意，而理所當然地，他們也不會讓民眾接受高等教育。

邊陲因為處在這樣的狀況，所以社會基礎結構，例如官僚系統等，經常是腐敗的，無法發揮功能。換句話說，一旦成為低開發地區，社會就變得一團混亂，即使現在要這些地區發展成為核心，也無法順利。」

「您的意思是，這些地方無法發展，背後還有這些原因嗎？」

「沒錯。大家逐漸發現這個事實。在世界體系陷入僵局、已經無法再擴大的情況下，往邊陲尋求成長也碰到了極限，這些問題逐漸暴露出來。

先進國家的投資者，尤其是美國的投資者，為了在面臨成長極限的

國。第二次世界大戰後，伴隨著猶太國家以色列建國所產生的巴勒斯坦問題，以及現在依然被不自然的國境分割的庫德人問題等，都源自於這個三面外交手法。

金磚四國（BRICs）

經濟發展顯著的巴西、俄羅斯、印度、中國四個國家的總稱，附帶一提，金磚五國（BRICS）則是再加上南非共和國。最早提出這個字的是投資銀行高盛集團的經濟學家吉姆·奧尼爾（Jim O'Neill），他在二〇〇一年十一月三十日寫給投資者的報告，標題為《Building Better Global Economic BRICs》，之後這個字就在全世界流傳開來。二〇一一年四月十三日，南非共和國首度參加在中國北京舉行

狀況下尋求新的投資地點，炒熱了像金磚四國這種開發中國家會像先進國家一樣成長的單純故事。話說回來，最早宣揚這種故事的，就是美國的投資銀行。現在的霸權國家美國是一個新的國家，投資者當中很多人都不懂歷史，我想這也是他們提出的理論眼光短淺、無視歷史前提的一大原因。」

「歷史真的很重要呢。」

「事情都有因果，如果不知道原因，就無法了解真相。在這層意義上，我覺得學歷史是很重要的事。好了，我們談了這麼久的世界體系，妳有什麼感想呢？這樣妳知道我們生活在什麼樣的時代了吧？」

「這麼氣勢磅礡的故事讓我有點暈眩啊，不過總而言之，我已經很清楚自己處在一個即將面對重大變化的時代了。」

繪玲奈面對這個從來未曾聽過的大尺度故事，語調有點亢奮。

「話說回來，我們生活的社會，理所當然地會比自己的爺爺、奶奶生活的社會更進步，我們的子孫也會如此。但是，在人類數千、數萬年

的四國首腦會議，隨著南非的加入，BRICs 最後的 s 變成大寫，成為「BRICS」。這代表先進國家進入二十一世紀之後，因為經濟成熟，成長開始鈍化，投資無法獲得充分的回報，所以透過預言接下來新興國家的發展來促進投資。

雷聲大雨點小

吉姆．奧尼爾表示：「金磚四國很難再重現本世紀最初十年的顯著成長，其成長雖然有強烈的偶發作用力，但一部分的力量已經喪失了。」（出處：彭博新聞，二〇一五年一月九日）

的歷史中，這樣的事情只發生在這幾百年之間，也就是世界體系開始、工業革命爆發之後。」

教授把一張圖表交給繪玲奈。

「請看這個。從**安格斯・麥迪森**《世界經濟千年史》（*The World Economy: a Millennial Perspective*）這本書所寫的內容來看，西元元年人口為二・三億人，一〇〇〇年為二・七億人，一七〇〇年為六・〇億人、一九九八年為五九・一億人，耗費了一千七百年才成長三倍，在一七〇〇到二〇〇〇年的三百年間就變成了十倍。

從這張圖表就可以知道，人口與經濟在這幾百年來呈現爆發性的成長。我們憑感覺也看得出來，地球是有限的，所以不可能像這樣持續以指數函數的曲線成長。」

「確實是如此……」

繪玲奈雖然從未思考過人口的問題，但是看到教授出示的圖表，立刻就為表中那極端爆炸性的人口成長方式感到驚訝。

安格斯・麥迪森（Angus Maddison，一九二六年～二〇一〇年）

英國經濟學家，一生都奉獻給研究人口與經濟成長的歷史變化。

世界人口的歷史推移

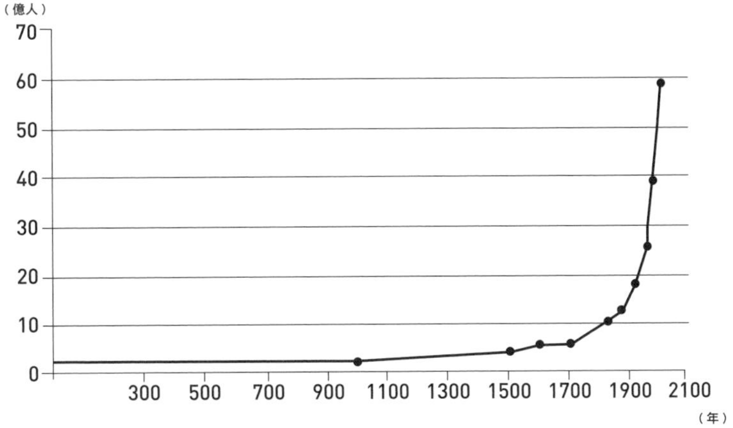

世界實質 GDP 的歷史推移

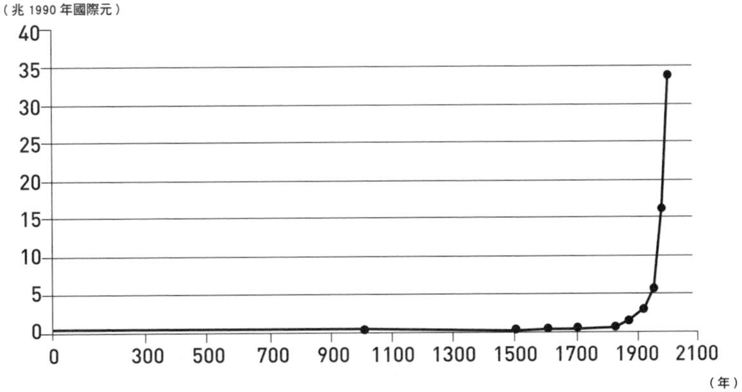

「我們一直以來都生活在成長是理所當然的想法中，社會體系也是建立在這個前提之上。但這都只是近幾百年來發生的極端現象而已，絕對不是理所當然的事情。

綜合以上所述，我想到妳現在已經知道，我們生活在人類從未曾經歷過的全新時代，在這個時代中，人類已經用光了『賢者之石』，成長達到上限，大家開始討論人口減少的議題。接下來，我們終於要回到最初的話題，那就是探討大家明明都活在全新時代中，但是想要維持至今為止的生活的既得利益者，是如何扭曲這個世界，讓我們陷入不安。」

「也就是老先生、老太太如何讓人們陷入不安吧，教授。」

Seminar No.5
揭開「不安」的真相

想要把矛盾變合理，想要勉強不再成長的世界成長，創造出不合理的報酬，扭曲了社會，造成人們覺得「這樣下去沒問題嗎」。這就是襲擊我們的不安的真相……

「首先，讓我們整理一下前幾堂課討論的全新時代。我們一開始提到了哪些事情呢？」

教授提問。

「嗯……原子小金剛將帶給人類不幸，造成人口減少、少子化的問題。」

「接下來呢？」

「人類已經沒有想要的東西了，就是那個……欲望飽和。」

繪玲奈一邊偷看筆記，一邊回答。

「最後呢？」

「人類已經用光了『賢者之石』，世界體系達到了極限。」

「沒錯。我們把前面的討論整理一下。我之前說過，這些事情代表自從世界體系成立，以及工業革命以來，就以猛烈的速度不斷成長的世界經濟來到了成長的極限，開始面臨不再成長的全新時代。對於一直以來都把成長當成理所當然的世界來說，這是嚴重的威脅。因此全世界都吵吵嚷嚷地認為，必須想辦法脫離通貨緊縮，讓經濟再度成長才行。但我覺得這個處理方式其實是錯的，社會只能配合這樣的形式努力改變，應該要這麼做才對。

從我在上一堂課給妳看的表格就可以知道，如果人口和以前一樣，繼續以猛烈的速度無止盡地增加，地球這艘船總有一天會搭不下吧！人類對自然環境的負荷超過極限，開始危及到人類的生存，使人類暴露在滅絕的危機之下。有限的地球不可能無限地成長，因此在某種意義上只不過是發生了理所當然的事情而已。

事實上，人口不再增加，經濟不再成長的狀況，如果是有秩序地發生，這絕對不會成為問題。

然而，因為我們覺得這幾百年間的爆發性成長是理所當然的事情，還停留在摸索不再成長的全新時代該如何運作的階段。現在的社會體系，依然以成長為前提在運作，舉例來說，老先生、老太太們不願意配合全新時代減少退休金，還希望政府和以前一樣付錢給他們。換句話說，老先生、老太太在自己也沒有察覺的情況下，成了既得利益者。

而且麻煩的是，拜科學技術與醫學發展之賜，人類的壽命有了飛躍性的延伸，老先生、老太太的人數也呈飛躍性的增加，造成退休金的負擔大到不合理的扭曲現象。這在某種意義上，或許也可說是代表科學技術的『原子小金剛』帶給人們的不幸。

人類想要設法把這樣的矛盾變合理，想要勉強不再成長的世界成長，創造出不合理的報酬，扭曲了社會，造成人們覺得『這樣下去沒問題嗎』。這就是襲擊我們的不安的真相。」

「不安的真相……」

繪玲奈忍不住低聲說。

「我來告訴妳一個最好例子，說明老先生、老太太是如何扭曲社會，把我們推落不安的谷底。這個例子其實就是『金融海嘯』。」

「什麼？『金融海嘯』居然與這個話題有關，我完全搞不懂。」

「妳所知道的『金融海嘯』是什麼呢？」

教授對一頭霧水的繪玲奈說。

「嗯……首先是證券商品中加入了**次級貸款**這種以低所得者為對象的貸款，並向全世界發行，最後導致某些金融機構破產，應該是這樣沒錯吧？」

「呵呵，妳知道得很清楚嘛。」

「為了找工作我也有稍微讀書！」

繪玲奈有點自豪地說。

「我想這個回答對於找工作來說應該是滿分。」

「真的嗎！謝謝教授。」

「不過，如果是我來評分的話，很可惜，只有五十分。」

「教授，你太嚴格了……」

繪玲奈被擊沉之後陷入沉默。

「『金融海嘯』其實是老先生、老太太引起的。如果再加上這句話就是滿分了。」

次級貸款

次級貸款是美國的一種貸款商品，主要貸款給信用評價較差的次級客戶（subprime，信用評價比優良客戶〔prime〕低一級）。以實質來說，就是提供給無法通過房貸審查的低信用評價客戶的貸款。通常是指以房屋為擔保的房貸，但可以是車貸等。銀行將這些貸款的債權證券化，交由信用評級機構評等之後，販賣給世界各國的投資者。然而，二〇〇七年夏天房價開始下跌，貸款延滯率提高，最後房市泡沫破滅，含有次級貸款債券的金融商品即使有評等依然失去信用，接二連三在市場上被拋售。二〇〇八年底，雷曼兄弟受其影響而破產，引發金融海嘯。最後就連擁有高信用力的AIG、房利美、房地美等企業都被收歸國有。

「您又開始說一些聽不懂的話。如果在找工作的時候說這種莫名其妙的東西，就算您給我滿分，面試官也會給零分的，請您好好說明，教授！」

繪玲奈對故意賣關子的教授說。

「我會依序說明的，故事有點長，妳要聽仔細。」

教授苦笑著說。

「首先，妳的回答只有提到金融商品的『供給』方。我給妳五十分，就是因為妳沒有提到金融商品的『需求』方，所以只能給妳一半的分數。請妳記住，任何事情存在著供給與需求兩個面向。

回到金融海嘯，投資銀行銷售像是次級貸款的**證券化商品**，這種具有毒性的金融商品，藉此大撈一筆，實在太過於知法犯法又耐人尋味了，所以焦點集中在『供給』方的討論與報導特別突出。然而，真正重要的卻是，為什麼會出現購買這些具有毒性的金融商品的『需求』呢？大家應該討論這個部分。」

證券化商品

以貸款、租賃、不動產等將來預期會有一定收益的資產為擔保發行的有價證券。將金融機構或企業持有的金錢債權或不動產等特定資產切割開來，以這些資產所產生的金流（現金收入）為擔保，具體來說包括房屋貸款、商用不動產貸款、小額貸款、汽車貸款、信用卡債權、租賃債權。

這些證券化商品是投資人的投資對象之一，不僅可以作為控管風險的有效手段，對於需要

「不是因為被騙嗎？」

「不，應該不是。因為買方並不是沒有知識的散戶，他們大致來說也是專業的機構投資者，甚至連銷售這些商品的投資銀行本身也有大量庫存。早雷曼兄弟一步破產的投資銀行貝爾斯登公司，更是這類證券化商品的專家。次級貸款商品的強烈毒性雖然在最後段展現出來，但一開始並非如此。」

「那麼一開始是什麼樣的情況呢？」

「我用一個有點粗糙、但淺顯易懂的比喻來說明次級貸款是什麼樣的證券化商品。請想像成鮪魚生魚片，妳喜歡鮪魚肚嗎？」

教授用比喻來說明的時候，總會露出促狹的表情。

「當然喜歡啊！」

「但是鮪魚肚很貴吧？」

「對啊，就算在迴轉壽司店，等級也與其他壽司不同，有點吃不起呢！」

資金的人與企業來說，也是一種新的資金調度方式，為金融市場的效率化帶來貢獻。然而另一方面，證券化商品中原資產投資組合的風險結構是加工過的，已經與原本的不同，因此成為一種相對複雜的商品。再加上證券化商品許多都有較強的個別性，在流通市場中的交易量有限，導致交易價格的評估變得困難，這些都是其缺點。證券化商品在美國發生次貸問題之前，由於擁有高收益性與高評等，許多投資者都毫不懷疑地積極投資。然而，二〇〇七年至二〇〇九年間，次貸問題爆發，導致世界性的金融不安，許多投資者因為證券化商品而蒙受高額損失，其真正的風險才開始受到注意。

（參考：iFinace 金融業務用語集）

「對吧！所以壽司店如果把背肉的邊料蒐集起來，加入脂肪，製成口感類似鮪魚肚，但是能以便宜價格提供的料理，這樣就能夠創造出需求吧？」

「您說的是蔥花鮪魚吧！難道次級貸款等證券化商品，就是像蔥花鮪魚一樣的東西嗎？」

「沒錯。如果像蔥花鮪魚一樣製成絞肉，就搞不清楚原本的材料是哪些東西，也不知道加入了哪些脂肪。像次級貸款這樣的證券化商品，全都是讓人搞不清楚原本的貸款是哪些東西的合成商品。用比喻來說明就很清楚了吧！請妳把次級貸款等證券化商品想像成蔥花鮪魚，再聽接下來的說明。

蔥花鮪魚不同於鮪魚肚，由於不知道內容物是什麼，所以會有某種風險。如果買得起的話，還是想買鮪魚肚；如果願意將就一下的話，買背肉也比較安全。但即使如此，蔥花鮪魚還是爆炸性地熱賣，這是因為出現了大批客人想以和從前一樣的便宜的價格吃鮪魚肚，但現在因為太貴吃不起，卻又不願意降低生活水準，改吃背肉。」

「因為太貴買不起，但又想像以前一樣吃鮪魚肚肉，這樣的要求真任性！」

繪玲奈有點憤慨地說。

教授用左手中指把滑下來的眼鏡往上推。他在做結論的時候似乎總有這個習慣。

「那麼，讓我們回到實際情況。如同我之前的說明，我們正進入一個全新時代，因為經濟成長低落，長期利率也跟著降低。然而另一方面，世界邁向高齡化，以**退休金**為首的給付逐漸增加，這些給付都要求利息必須與從前約定的金額相同。但銀行與老先生、老太太約定的利息，是在過去經濟高度成長的時代訂下的，但現在因為低成長，銀行的投資利率降低，這個嚴重的矛盾使狀況陷入僵局。於是，銀行為了支付約定的金額，產生了無論如何都必須獲得高利率的投資壓力，對於證券化商品的龐大需求也因此誕生。一般的投資商品無法滿足這樣的利率需

退休金

退休金分為「確定給付制」與「確定提撥制」兩種型態。確定給付制如其名稱所示，是一種支付固定金額的制度，無論為退休金所做的投資結果如何，都必須支付固定的金額給退休者。這麼一來，當利率降低，就會因為付不出約定的金額而發生問題。這在世界各國都相當普遍。至於確定提撥制則是在職期間按期繳納一定金額，這筆資金的投資是自己的責任，退休後可以領多少錢由自己決定。401k退休福利計畫就是其代表。

求，所以即使有風險也只好睜一隻眼閉一隻眼，或許應該說他們不得不這麼做。

用剛才的比喻來說，就是無法滿足於鮪魚背肉，無論如何都想用從前的價錢吃到鮪魚肚的任性客人蜂擁而入。店家為了滿足這些無理的『需求』，便開始『供給』口味類似的合成鮪魚肚。與此同時，也因為金融科技的進步，店家供給的商品不僅止於蔥花鮪魚的程度，甚至還創造出看起來就像真正鮪魚肚的商品。

我想他們一開始依然本著專業認真製作，但客人實在增加得太快，商品變得越來越粗糙，這也可以說是必然的。」

「最後就導致集體食物中毒了嗎？」

「是啊，妳說的沒錯，最後甚至演變成商品粗糙到就連材料是不是鮪魚都不知道。商品的審查也只是橡皮圖章，幾乎沒有好好審查就連續蓋章，作為原料的次級貸款便開始粗製濫造，並且成為問題。這就是站在需求方看到的金融海嘯的真相。」

「我以前完全不知道。金融海嘯竟然是老先生、老太太為了繼續過像從前一樣的生活，讓銀行不得不製造合成鮪魚肚，導致全世界集體食物中毒……」

繪玲奈掩蓋不住驚訝。

「有一個重點希望妳記住，泡沫化是社會上錢太多，許多人想要運用、借用這些錢發生的現象。換句話說，對於假鮪魚肚的需求過剩，造成了泡沫化。請妳牢記，就這層意義來說，狀況直到今天都沒有改變。

老先生、老太太為老後生活存的錢大量膨脹，而且他們追求的是不可能實現的投資報酬，因此金融資產仍然隱藏著泡沫化的風險。**金融監督雖然嚴格管理**，企圖避免泡沫化再次發生，但只要根本的需求沒有消失，還是會有人鑽金融管制的漏洞，這樣的過程甚至可能永無止盡的重複。

所以儘管金融海嘯結束，我依然不認為可以暫時安心。老先生、老太太沒有發現他們現在已經成為既得利益者，還認為繼續領著從前約定

金融監督雖然嚴格管理

在金融海嘯發生之前，金融管制原本朝著逐漸放寬的方向發展。這段期間的主流想法是，政府不要介入太多比較好，這麼一來市場也會比較有效率。但後來金融海嘯發生，顯示管理當局、投資銀行與經營者對於複雜化的金融風險監督不周，因此金融管制也變得越來越嚴格。政府企圖透過嚴格的監督，避免金融機構胡亂承受風險，引發泡沫化。但事實上，市場依然充滿希望在投資中獲利的資金，這些資金逐漸流向不受規制的影子銀行或基金，成為泡沫化的預備軍。

好的金額是理所當然的權益，這樣的行為讓我們暴露在創造出泡沫化的風險當中。

到此為止妳有什麼想法呢？妳現在知道我所說的，想要過得和以前一樣的老先生、老太太造成社會扭曲，把我們推落不安的谷底是什麼意思了吧？」

「我完全知道了。不過，老先生、老太太竟然是造成金融海嘯、顛覆世界的元凶，真的很令人驚訝啊！」

繪玲奈露出恍然大悟的表情。

「當然，如同我一開始所說的，老先生、老太太沒有意識到這件事，有問題的是制度，現在的制度在建立在過去的模式還會延續、世界還會不斷成長的基礎上，沒有考慮到全新時代的來臨。政府認為問題總有辦法解決，一再拖延處理，結果造成老先生、老太太成為既得利益者，這才是真正的問題。

此外還有另一點，我用一個簡單的例子來說明。假設妳今天有了孩

八百萬日圓

日本財務省的官方數字指出，截至二〇一三年底，日本政府負債已經達到一〇三七兆日圓，每個國民負債大約八一四萬日圓。這個數字包含了財政投融資（一〇九兆日圓），與為了調度外匯干預準備金

子，妳覺得這個剛出生的孩子，要背負多少國家的債務呢？」

「是多少呢？我知道您的意思是很多。我也大概了解日本的財政有困難，所以才會提高消費稅，但正確的數字我並不清楚。」

「……大概是**八百萬日圓**。」

「什麼，這麼多嗎？」

繪玲奈又嚇了一跳。

「沒錯，很驚訝吧。我們強迫剛出生的嬰兒接受八百萬日圓的債務。而且這只是單純按人頭均分的數字，真正的金額恐怕還要更大。」

「這麼一想的確覺得這個社會很扭曲啊，讓人不禁擔心這樣下去真的沒問題嗎。」

「是啊，會讓人不安吧。這些債務多半使用在退休金等**社會保險費**，換句話說，我們為了養老先生、老太太，**把債務強行推給嬰兒**。

現在這些老先生、老太太領取的退休金，是在經濟成長、人口增加的時代決定的。然而，現在是全新時代，經濟停滯，可以支付這筆錢的

（一一五兆日圓）所發行的國債，因此也有人認為這個金額不算太大。外匯干預準備金另當別論，財政投融資的融資對象幾乎都是政府機關與地方自治團體，如果無法還款，就會成為國家的債務，因此也不能完全排除。相反地，也有人認為這個數字應該更大，問題在於未來支付的公務員退休金如何計算。如果公務員退休金如預期般全額支付，那麼以現值計算，還需要大約一千兆日圓的財源，即使只計算國庫預計負擔的部分，也需要大約一百兆日圓。即使預計透過提高退休金保險的保費來支付，要是狀況不如預期，還是得由稅金負擔。把這些都當成國家隱藏的債務，那麼每個國民背負的債務就不只八一四萬日圓了，遠超過一千萬日圓都有可能。

老先生、老太太把債務推給年輕人嗎？

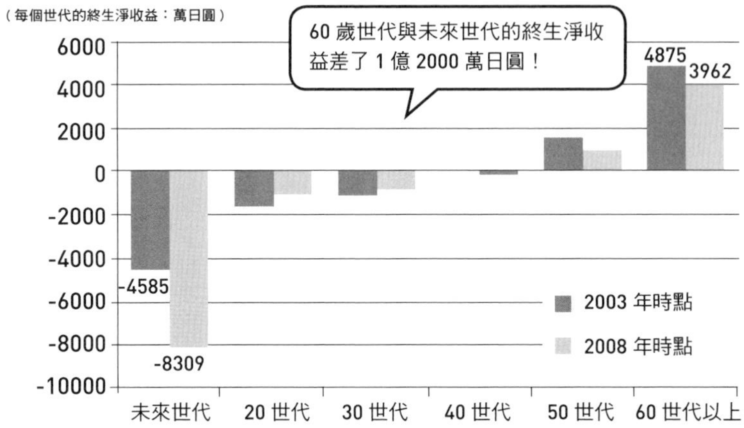

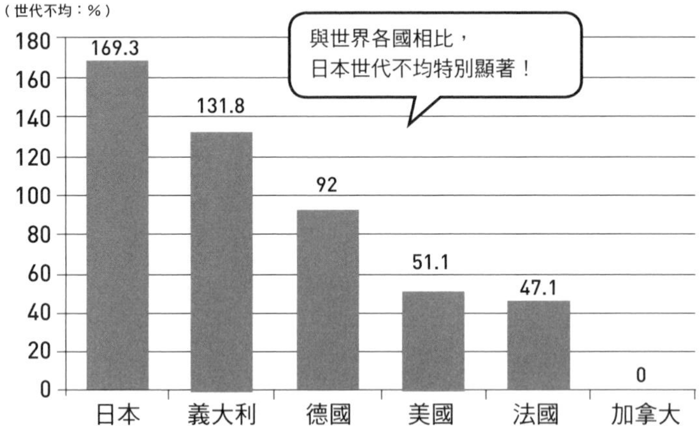

出處：兩者都出自 2011 年 6 月，日本產業構造審議會基本政策部會中期匯報

孩子人數減少，老先生、老太太的人數卻逐漸增加，根本付不出這麼高的金額，才會演變成這種狀況。」

「這個論點和剛才的金融海嘯一樣吧？」

「是的，只不過是從另一個角度來看而已。我前面也說過，老先生、老太太在不知不覺中成了既得利益者，一回過神來，就連剛出生的小嬰兒都被迫背負龐大債務，再這樣下去，全家都有可能被債務的重擔壓垮。」

「您的意思是，國家債務因為這些老先生、老太太而增加，最後可能導致日本破產嗎？」

「是啊。不過必須注意的是，國家的債務和一般家庭的債務略有不同，不會那麼簡單就破產。在一般家庭中，老先生、老太太為了過好生活而去借錢，但就算還不出來，也不能把債務推給孫子吧？因為還錢的人必須是借錢的人才行，如果老先生、老太太隨便借錢，最後還不出來，那麼他們自己很快就會破產了。

社會保險費

以日本二〇一四年度的預算為基準，社會保險費大約三十兆日圓，達到國家一般歲出的五四％左右。與二〇〇〇年度的三五％相較，就知道社會保險費增加的速度有多麼快。其中退休金與醫療占了三五％，其他福利占十五％，看護占九％。（出處：日本厚生勞動省「二〇一四年度預算概要」）

把債務強行推給嬰兒

從右頁的圖表可以知道，世代不均形成龐大的金額差距。從一生中繳交給政府的項目（稅金、社會保險費等的總額），與從政府領取的給付項目（退休金、醫療等社會保險給付、補助金、教育、公共事業的利但如果是國家借的錢，就能推給孫子。因為國債的債務人與債權人都是國民，換句話說，就是現在的自己向未來的自己借錢。如果時間拉得更長，就變成自己向孩子或孫子借錢。只要國家還在，就能不斷地把債務推給子子孫孫，所以國家不會那麼簡單就破產。現在的狀況就是在賭一把，賭債務應該不會達到上限吧、應該不會就這樣破產吧……」

「那麼反過來說，我們或小嬰兒在全家快要被債務壓垮的狀態下，不知不覺中被迫接下重擔，背負了龐大的債務嗎？怎麼這麼過分，這樣當然會覺得不安，也不想生小孩啊！」

繪玲奈憤憤不平地說。

「站在國家的角度看，人口不再增加會很麻煩，所以為了阻止少子化而祭出各種補助政策。但就經濟的合理性來想，孩子一出生就背負八百萬日圓的債務，卻只拿到一點點補助，這根本不合算。」

「是啊。這麼說或許有點難聽，但這不就是詐騙嗎？以少少的錢當誘餌，騙人生孩子，其實孩子一出生就被迫背負八百萬日圓的債務……

益）的差額來看，六十歲以上世代的淨收益是四千萬日圓、未來世代（未滿二十歲或即將出生的世代）的淨支出是八千萬日圓，兩者的差距達到一億兩千萬日圓。

附帶一提，從國際上來看，日本世代不均問題也特別顯著。比較國際之間，一九九五年出生的新生兒（零歲）世代，與未來世代的終生負擔的比率，換句話說，就是剛出生的嬰兒與未來出生的世代相比，日本是一六九．三％、德國是九二％、美國是五一．一％、法國是四七．一％。（出處：二〇一一年六月，日本產業構造審議會基本政策部會中期匯報）

更不用說還有您在一開始提到的，養育孩子的成本也增加了，這完全就是惡性循環嘛！」

「妳說的完全正確。如果把這件事情簡化成『爺爺、奶奶強迫剛出生的寶寶借錢養他們』，我想這樣淺顯的說明，大家一下子就能聽懂。但幾乎所有人都覺得造成社會扭曲的本質原因很難理解，所以不想深入追究。

但大家都能了解這種不太對勁的感覺，所以才會覺得不安。政府想要勉強把矛盾合理化，又讓人們心中的不安加劇。這就是我認為的不安的真相。」

「原來如此，我完全懂了。但是再這樣下去，情況不會變得很糟糕嗎？」

繪玲奈知道不安的真相並非事不關己，因此認真地問。

「沒錯。那麼，我們的討論也終於進入了最後的總結。請妳思考一下，我們有沒有朝著解除不安的方向前進呢？這個世界真的有朝著解決問題的方向發展嗎？我們的不安有逐漸減輕嗎？還是沒有呢……」

「順著這個話題聽下來，應該是沒有吧……」

繪玲奈像是不想聽結果一樣摀住耳朵。

「抱歉，就是這樣……」

教授一臉抱歉地說。

「啊，果然。我也覺得反正應該是這樣……」

「對不起。」

「沒關係，這不是教授您需要道歉的事情。」

教授像平常一樣，習慣性地用左手中指將滑下來的眼鏡推上去，開始緩緩地說。

「我們以安倍經濟學為例來思考。」

「好的。」

「安倍經濟學的目的是想要擺脫通貨緊縮，帶動經濟成長。的確，只要經濟能夠成長，所有的問題都會迎刃而解。因為問題的開端，就是以成長為前提的經濟模式，在低成長的情況下失去作用，所以只要經濟成長，就能支付過去約定的利息，解決退休金問題，還能避開伴隨著批判的增稅。

然而，如同之前的說明，我們生活在全新時代，經濟難以持續成長，這才是最根本的問題。」

「因為人口逐漸減少、欲望達到飽和，導致需求不足。」

繪玲奈說，她像是要把課堂上討論過的事情全部串連在一起。

「就是這樣。安倍經濟學推出的政策，就是要想辦法創造出需求。但這就像是要勉強原本從高處往低處流的水逆流而上一樣。」

「您的意思是，他想要對抗大環境的趨勢吧。」

「是的，但真正應該做的努力是，首先要理解到我們處在一個全新時代，並且打造一個適合這個時代的社會。但可惜的是，這麼做相當於要政府毀棄過去的約定，甚至可能因此**失去政權**。」

「的確，事到如今也不可能跟老先生、老太太說，時代已經變了，

失去政權

以日本二〇一二年衆議院選舉為例，二十歲世代的投票人數只有六十歲世代的三六%。（資料出處：公益財團法人公正選舉推進協會）年輕人人數比中老年人少，投票率也低，因此議員支持中老年人的利益，勝過支持年輕人的利益，這在政治上也是沒辦法的事。由於訴諸年輕人也無法在選舉中獲勝，這種放棄年輕選票的想法，沒有政黨和政治家會為年輕人發聲，導致年輕人的投票率越來越低，陷入惡性循環。

我們付不出原本約定的金額。」

「而且因為少子高齡化的關係，既得利益者人數較多也是一個問題，做這種不受歡迎的事情，政權甚至可能一下子就垮台了。」

「落選的政治家就會變成平凡人吧。」

「我曾經參加過政策研討會，政策追求的是『智慧』，簡單來說，就是一味地討論有沒有什麼巧妙方法，可以把矛盾合理化。割捨老先生、老太太會招來批判，增加稅金來填補退休金漏洞，這種做法也不受歡迎，都有可能導致落選。所以討論的淨是能不能有智慧地把這些問題合理化。」

「誰都想避開會招來批判的事情，這點我雖然可以理解……」

繪玲奈心想，雖然可以理解，但能夠因為這樣就把債務推給自己，還有無法表達任何意見的小嬰兒嗎？

「麻煩的是，如同我在前面提到的，政府在知道我們面臨這種時代的情況下，依然不改變以成長為前提建立的制度，反而怕會招致批判，而一再拖延改革。政府早就知道人口結構發生什麼樣的變化，其實早在一九八〇年代就應該著手進行改革。事到如今，老先生、老太太已經像這樣成了既得利益者，政府更不敢說要改革了，所以只好想辦法把矛盾合理化。」

「那麼，安倍經濟學為了把矛盾合理化，做了哪些離譜的事呢？」繪玲奈認真地問，因為她真的理解到社會的矛盾降臨到自己身上。

「首先是金融政策，也就是所謂的異次元寬鬆政策。因為日銀前總裁白川方明表示日銀無法解決問題，於是安倍政權在二〇一三年任命主張大膽寬鬆政策的前財務官黑田東彥就任日銀總裁的職位。黑田就任之後，就發射了買下國債發行量七成，將大把鈔票到處撒這個前所未聞的火箭砲。」

「這個火箭砲的威力有多強大呢？」

「妳問我威力有多強大，我也無法好好說明，就是會讓我嚇到腿軟的程度吧！」

「威力相當驚人啊！」

教授的比喻太好笑了，繪玲奈忍不住笑出來。

「實際上一點也不好笑，可以說是脫離常識。同時他也提出兩年實現**通貨膨脹**二%的宣言，相當驚人吧！我想他要表達的意思是，只要能夠脫離通貨緊縮，日銀什麼都肯做，買下國債發行量七成，將大把鈔票到處撒這個前所未聞的火箭砲，不會只是口頭上說說。」

「通貨膨脹有**什麼好處**嗎？」

「我們先假設利率一%，物價因為通貨緊縮而下跌一%的情況，這種情況下，金錢增加一%的同時，商品價格下跌一%，所以實際上相當於增加了二%的金錢。相反地，如果利率一%，物價因為通膨而上漲二%，那麼在這種情況下，金錢明明只增加一%，因為商品價格上漲二%，所以實際上相當於減少了一%的金錢。

在通貨膨脹的情況下，與其持有金錢，也就是把錢存起來，還不如拿去投資或消費，換成持有物品更有利。如同我前面一直提到的，經

通貨膨脹

長期持續物價上升、貨幣價值下跌的狀態。

什麼好處

這裡稍微換個說法來說明。一般來說，如果利率降低，那麼與其把錢放在銀行領利息，人們會更想借錢去投資。所以如果想要改善景氣，只要實施金融寬鬆，降低利息，促使人們借錢去投資即可。只不過，實際影響人們行動的不是名目利率，而是參考將來的預期通膨計算出來的實質利率（實質利率＝名目利率－預期通膨）。

濟沒有成長是因為需求不足，所以才要威脅人民『我會盡其所能創造通膨』，人們把錢拿去消費或投資，或許就能創造出需求。」

「原來如此。這麼一來大家就會覺得，日銀要撒錢創造通膨，我們要在這之前把錢用掉吧？」

「就是這樣。然而，就算事先知道將來會通膨，妳覺得企業真的會只因為這樣就去投資，一般人真的會不斷地消費嗎？如果是妳的話會怎麼做？」

「如果我知道自己想要的名牌包明年一定會漲價一〇%，或許會拚了命請爸爸早點買下來吧！不然說不定會損失幾萬日圓呢！」

「可能會吧。不過，如果後年、甚至大後年每年都會漲價一〇%的話，妳還會每年都買嗎？」

「怎麼可能每年都買名牌包。我家老爸可沒那麼慷慨。」

「一般狀況都是這樣吧。換句話說，也只有掌握了大量金融資產的富豪才會因為通膨而不斷地把錢花掉。普通的上班族或學生，應該不會

舉例來說，假設名目利率是一%，將來只會發生一%的通膨，那麼實質利率就是〇%。

相反地，如果名目利率是〇%，將來的通膨是負二%（通貨緊縮二%），那麼實質利率就是二%。換句話說，在通貨緊縮的狀況下，即使實施金融寬鬆，將利率降到〇%，實質利率依然是正的。而名目利率最多只能降到〇%，如果還想要加碼金融寬鬆，就只能讓人們對將來通膨懷著期待。反過來說，在通貨緊縮的狀況下，不管金融政策多麼努力，還是會發生實質利率降不下來的困擾。

因此，如果人們對通膨還著期待，實質利率就能降低，金融政策也能產生效果。這麼一來，或許會發生借錢投資的人增加、景氣改善的「好處」。

採取這種消費行動。」

「如果打工的薪水不漲，不要說幾十萬日圓的包包了，幾千、幾萬日圓的衣服都買不起，這樣很苦惱啊。」

「是啊。就算是企業，再怎麼通膨也不可能為了製造似乎賣不出去的商品而投資工廠與設備。與其做這種事情，還不如把資金轉移到價值不會因通膨而降低的資產上，譬如不動產、股票、外幣計價資產等等。如果富豪、企業全都採取這樣的行動，股價、土地等資產的價格確實可能上漲。這麼一來，這些富豪或許會因為手邊的股票上漲，把賺到的錢拿去買高級車、高級手錶等等，但經濟成長不可能只靠著這些需求就大幅提高，而且我也不覺得這種形態的經濟成長是安定的。」

「但黑田總裁說，只要提高通膨，大家就會不斷地使用金錢，也能帶動經濟的高成長不是嗎？」

「妳說的沒錯。黑田總裁說他會讓**預期通膨**發揮作用來帶動成長。而日銀實際上也為了提高預期通膨而開始異次元寬鬆。一般人應該都會

預期通膨

如同前面解釋「什麼好處」的說明，只要預期通膨提高（人們期待將來物價會上漲），實質利率就能降低（實質利率＝名目利率－預期通膨）。即使日銀將名目利率降到零，實質利率還是因為通貨緊縮的關係而無法降低，導致金融寬鬆效果不彰。因此日銀採取一些措施（大把大把地撒鈔票），讓人們期待將來物價會上漲，企圖降低實質利率，實現金融寬鬆。

覺得，只要日銀供給大量金錢，金錢的價值就會降低，自然就能形成通膨吧？」

「是啊。我聽過日銀印鈔票到處撒，就能降低金錢的價值，創造通膨的說法。」

「雖然人們覺得這麼做可以創造通膨，但這個想法本身是錯的。像現在這樣利率降到零的情況，不管日銀供給多麼大量的金錢，都無法創造通膨。」

「什麼，真的嗎？」

繪玲奈瞪圓了雙眼。

「很多人憑著不知道哪裡來的印象，覺得通膨是日銀啟動印刷機，印鈔票到處撒所創造出來的現象，但並不是這樣。其實日銀無法自己增加金錢，所以像現在這樣利率降到零，日銀不管怎麼努力都創造不了通膨。」

「無法增加金錢？中央銀行不就是印鈔票的機構嗎……」

繪玲奈開始覺得腦袋亂成一團。

「其實日銀無法只憑自己的意志增加金錢，這個道理大家都不了解，所以才會產生只要日銀藉著量化寬鬆供給金錢，讓社會上的錢增加，就能輕易形成通膨的誤解。因為即使是金融專家，也有很多人沒有充分理解中央銀行不能自由地增加金錢的原理，所以我想一般人會誤解也是無可厚非。不過御影同學，妳是經濟系的學生，請趁著這個機會弄清楚吧！」

「……好的。」

被教授提醒自己是經濟系的學生，讓繪玲奈有點羞愧。

「中央銀行的機制與金融政策的說明有點複雜，如果我們現在講，講完也差不多要下課了，所以之後再找機會補課，集中說明這個部分。總而言之，今天只要先記得結論就好了。

黑田總裁做的事情就是大量供給金錢，創造出似乎會通膨的氣氛，這就像是憑著一股氣勢大喊：『接下來要通膨囉！』讓人誤以為真的會通膨，或許就會做出投資或消費行為。這些動作正是要讓『預期通膨』發揮作用，所以也有人稱他是**貨幣薩滿**，因為他的行為就像是天啟，預言『接下來要通膨囉！』並且念咒祈禱一樣。」

「貨幣薩滿嗎……」

繪玲奈想像日銀總裁站在祭壇前，預言「通膨吧！」並且念咒祈禱的樣子，忍不住噗哧一笑。

「化身為薩滿的黑田總裁宣告要在兩年內達到二%的通膨，岩田副總裁甚至表示如果做不到就會辭職。但在二〇一四年四月，物價搭著消費稅提高的順風車上漲到一．五%已經是極限，之後便不斷地下跌。這也明確顯示出，兩年達到通膨二%的目標，果然還是不可能。

如同我之前的說明，這是理所當然的結果，即使真的創造出通膨，一%也已經是很好的成績，二%根本是不切實際。因為就算是今後人口應該還會持續增加有一段時間的美國，最近也是勉強才達到二%的通膨。我用一個或許相當大膽的比喻來說明日本通膨率想要超過美國這件

貨幣薩滿

全世界先進國家的利率幾乎都降到零了，中央銀行也因此失去促進景氣回升的一般政策手段。自此之後，透過語言訊息，給予市場或人們希望的動作比以前更受重視。文化人類學家、紐約州立大學教授道格拉斯．荷姆斯（DOUGLAS R. HOLMES）知道了這樣的狀況後，在二〇一三年出版《語言經濟學》（*Economy of Words*）這本書。《金融時報》記者吉蓮．邰蒂（Gillian Tett）對他的見解產生共鳴，以「貨幣薩滿」（薩滿是預言未來的巫師）來形容日銀總裁。

事，這就像是體格具有先天劣勢的日本人，想在攻擊方面勝過大聯盟選手，成為大聯盟全壘打王，這對大猩猩松井秀喜來說也很困難。」

繪玲奈心想，這個比喻確實很大膽。教授接著說：

「然而，黑田總裁依然不撤回通膨二％的目標，並且為了實現這個目標，在二〇一四年十月底採取更大膽的寬鬆政策。他可說是憑著一股意志在做這件事吧！既然說要做，就無論如何都要創造出二％的通膨。」

「那麼他做了哪些事情呢？」

「日銀原本每年就已經花五十兆日圓在購買國債，現在再增加三十兆日圓，幾乎買下了所有的發行額。接著把購買指數股票型基金（ETF）的預算，從原本的每年一兆日圓提高到三倍，也就是三兆日圓，並且把購買不動產投資信託（J-REIT）的預算，從原本的每年三百億日圓增加到三倍，九百億日圓。國債的平均年限也延長三年，從七年變成十年……」

「我怎麼覺得『三』這個數字出現得有點多？」

「妳的感覺沒有錯。最初在二〇一三年四月實施的異次元寬鬆政策中，國債的平均年限延長了兩倍，成為七年，通膨的目標是兩年二%，有很多個『二』，或許這次是為了給大家更努力的印象，所以喊出很多個『三』。」

「什麼，竟然是因為這樣！怎麼好像店家的廣告一樣，數字這樣隨便亂喊好嗎？」

繪玲奈吃驚地說。

「就如我剛才提到的，這是黑田總裁的心理戰略，為了向世人展現『要通膨囉』的決心。日銀為了創造通膨，不允許民眾抱著通貨緊縮的想法，就這層意義來看，如同我剛才說的，二%的通膨沒有理論根據，只是為了配合『要變成兩倍』的語感。他們先不管實際上是否可行，只要自己宣告要做不得了的事情，認為這樣社會就會跟著採取行動。」

「換句話說，日銀實施了比上次讓教授嚇到腿軟更大膽的寬鬆政策，這次教授有什麼反應呢？一樣嚇到腿軟嗎？」

「不，這次是驚訝到嘴巴合不起來。」

教授笑著說下去。

「消費稅提高多少也能創造出通膨，但這麼一來人民的生活就會受到壓迫。寬鬆政策帶來的日幣貶值，對於日本經濟來說不一定是好事，現在缺點變得明顯，異次元寬鬆的副作用也開始出現。黑田總裁似乎相當執著於二%的通膨，但他遇到的狀況是，政府與各方面不再全心全意支持通膨了。

日銀買下短期國債發行量的七成，導致國債變成負利率，因此透過購買國債來達到寬鬆，也到了技術上的極限。日銀應該也向黑田總裁報告過，不可能再透過購買國債來實施寬鬆了。」

「那麼，就一般想法來說，現在的狀況已經無法再繼續實施這麼大膽的寬鬆政策了吧？」

「是啊，最初實施的『異次元寬鬆』也同樣無法達成通膨，這個大規模實驗的結果已經很明顯了，再加上副作用也開始出現，就常識來思考，黑田總裁應該被逼到無計可施的窘境才對。」

「您的意思是，他不承認輸掉比賽，還想勉強展開延長賽嗎？」

「大家會這麼想也無可厚非，而我們也只能推測，他之所以會這麼做，是因為他相信，不管有什麼副作用，只要能達到二%的通膨，社會一定會變好。」

教授苦笑著說。

「我怎麼覺得聽您這麼一說，日銀聽起來好像是**中二病**啊……」

雖然繪玲奈覺得把日銀形容成中二病，不管怎麼說都太失禮了，但她還是不顧一切地說出來。

「日銀如果是『中二病』的話，那就糟了……」

教授一邊苦笑，一邊說下去。

「現在發生的事情就像漫畫的世界一樣，遠遠超出常理，妳會這麼想也是理所當然……」

中二病

網路用語，指中學二年級左右的青春期少年，容易有自戀、逞強的妄想與嗜好。後來就成為網路上的固定用語，用來諷刺作品的設定過於宏大，世界觀過於誇張或非現實。以中二病為題材的作品有《中二病也想談戀愛！》，如果想知道中二病具體來說是什麼，請看這部作品。

教授嘆了一口氣。

「不過，即便是這樣，一開始的異次元寬鬆也確實帶動股價上漲，這不是很好嗎？我媽媽也有買一點股票，股價漲她很開心呢！」

「不，不是這樣的，這是很嚴重的問題。」

教授一臉嚴肅地說。

「哪裡不對呢？」

「這個道理非常簡單，我這麼說明吧，正常來說，不應該是股價上漲帶動景氣變好，而是在景氣變好之後股價才上漲。所以也不應該是通膨帶動景氣變好，使需求量增加，其實應該反過來，景氣變好，需求量增加之後才開始通膨。所以現在討論的事情其實是倒因為果，換句話說，即使盡全力哄抬股價，也無法保證景氣真的會變好。」

「原來如此。」

「日銀買下了大部分的國債，強行降低利率，讓銀行無法購買國債，迫使他們去買風險更高的資產或股票、不動產等商品。而且日銀不斷地購買股票，**股價上漲也是理所當然**。甚至還有人開玩笑地說，日銀應該改名為日本股票支援機構了。這個說法雖然不好，但日銀現在所做的事情，確實就像是全力在操作股價一樣。

日銀現在雖然可以哄抬國債與股票的價格，卻不可能永無止盡地買下去。他們隱約知道必須停止現在這種異常的購買，但他們以偏離適當價格的高價不斷買下債券與股票，已經扭曲市場，如果不繼續購買，國債與股價極有可能一路下滑。

如果預期通膨能夠發揮作用，一如日銀的目標，景氣變好，那還無所謂，但就像我剛才說明的，事情是否真的能夠那麼順利也令人存疑。這麼一來，不管把股價哄抬到多高，創造出景氣變得多好的氛圍，最後也會打回原形。

如果不希望變成這樣，就只能無止境地買下去，但即使是日銀，實際上也不可能這麼做。」

「為什麼事情會變成這樣呢？」

股價上漲也是理所當然

長期利率就是未來金錢價值的折扣率。在利率的世界中，現在得到的一百元與將來得到的一百元，何者比較划算呢？答案是現在的一百元。因為現在得到的一百元會生利息，所以比較划算。換句話說，將來的一百元與現在的一百元價值是不同的，利息越高，將來的一百元換算成現在的價值就越低。相反地，利息越低，將來的一百元換算成的現在價值就越高。而股票的價格是把公司將來的價值以「現在的價值」表示，所以利息越低，股價也會越高。

因此，只要人為調降長期利率，股價上漲也是理所當然。然而將來能夠產生的錢並沒有改變，所以也可以說這只不過是以人為方式，讓現在的價值看起來比較高而已。

繪玲奈的情緒已經超越憤怒，逐漸變成哀傷。

「回到一開始的話題，原本應該是社會制度要努力配合不再成長的全新時代，但事到如今，政府也不可能跟老先生、老太太這麼說，所以才會做出這麼亂來的事情。他們認為只要能夠讓經濟成長，一切都能解決。

而且，就算經濟無法成長，只要想辦法哄抬股價，還是能讓人們產生景氣變好的錯覺，人們也就能夠接受消費稅提高。這麼一來，政府就能確保經費來養這些今後將變得越來越多的老先生、老太太。我們或許也應該懷疑，政府打的可能就是這種讓一切合理化的主意。

讓國家的財政健全，政府有足夠的經費來養今後將變得越來越多的老先生、老太太，這確實很重要，但為此實施金融寬鬆政策，是日銀應該做的事嗎？這點十分令人存疑……」

「消費稅啊？冷靜想想，用消費稅來養老先生、老太太，這不是很奇怪嗎？」

「道理很簡單。要解決退休金問題，不是減少給付金額，就是期待經濟成長帶來稅收增加，或是提高稅率，以確保資金。這個問題不管推給誰都很困難，所以只好變成消費稅的形式，由所有國民平均分擔。」

「好過分的合理化啊！」

「是啊。撫養老先生、老太太需要的經費越來越多，稅金增加的速度逐漸趕不上經費增加的速度，政府在不得已之下只好增加稅收，企圖讓收支平衡。但政府應該很早就知道會變成這種狀況了，他們只是把問題往後拖延而已。再這樣下去，御影同學的世代，或是更將來的人，可能都得面臨稅金不斷提高，或是拿不到退休金等等，狀況或許會變得很慘。」

「什麼？不會吧……」

繪玲奈抱住頭。

「更重要的問題是，金融政策不是免費的，其實需要耗費成本。但金融政策的原理很專業，一般人難以理解，便誤以為金融政策就像聚寶盆或哆啦A夢的口袋一樣，不必付出代價，就能做到任何事。

金融政策和財政政策不一樣，國民不需要直接支付金錢，所以會讓人產生能夠不勞而獲的誤會。對政治家來說，如果這麼做能讓經濟成長，解決問題，是再好不過。只要股價上漲，什麼都好，只要交給日銀的經濟對策，什麼問題都能解決，我想這樣的想法就是一切的開端。

對了，雖然有點離題，妳看過電影**《羅馬浴場》**嗎？」

「電影和漫畫都有看過，非常有趣。《羅馬浴場》怎麼了嗎？」

繪玲奈心想，教授這次要做什麼樣的比喻呢？

「我只是在想，現在的狀況如果要比喻的話，就像古羅馬實施的『麵包與馬戲團』政策一樣。《羅馬浴場》是古羅馬的浴場設計師想要建造出色的浴場，供羅馬市民與皇帝享受的勵志故事。」

「我在一篇訪問中讀到，原作者山崎麻里覺得歐洲明明沒有浴池，也沒有澡堂，古羅馬人卻建造了那樣的浴場，相當不可思議。這個想法似乎成為她創作這部漫畫的契機。」

《羅馬浴場》

山崎麻里創作的日本漫畫改編而成的電影。以入浴文化這個共通的關鍵字為主軸，描述古羅馬的浴場設計師穿越到現代日本，受到日本泡澡文化的衝擊，做出各種認真的反應，帶來笑點，是一部喜劇電影。故事發生在西元一三〇年代，哈德良皇帝在位時的古羅馬。專門設計浴場的技師路西斯．慕德斯特，在創新的建築物接連誕生的潮流中背道而馳，提出昔日風格的浴場建設提案，卻沒有獲得採用。

「只不過當時的浴場給人的印象與日本的澡堂不同，比較像是健身俱樂部，是一種綜合性的社交、娛樂設施，市民甚至還能在浴場裡用餐呢！羅馬市民幾乎可以免費使用這樣的設施。此外，皇帝也實施了免費分配穀物，市民可以免費觀賞戲劇、觀賞劍鬥士競技等政策，藉此匯聚民氣。」

「古羅馬人真好，可以免費吃喝、泡澡，還有免費娛樂。」

「實際上古羅馬實施的是不是單純的愚民政策還有爭議，不過像這樣讓民眾墮落、討好民眾的政策，一般就稱為『麵包與馬戲團』。」

「教授覺得現在這些政策，就像是『麵包與馬戲團』嗎？」

「是的。人們不知道舞台背後的真相，以為『麵包與馬戲團』是政府免費提供的服務，就這層意義來看是一樣的。舉例來說，日銀透過寬鬆政策哄抬股價或許能讓人們開心，但背後的真相是日銀承擔極大的風險，企圖強行創造通膨。幾年之後，一旦寬鬆政策結束，經濟發展可能就不再順利。人們不知道，原本以為是免費的政策，其實必須負擔極高

灰心的他為了轉換心情前往公共浴場，但周圍的人吵得他難以忍受，便潛入池中。他發現牆壁一角有個奇妙的排水口，想要靠近觀察，卻被纏住，吸進排水口。他掙扎著浮出水面之後，發現自己被送到一個從未見過的浴場，在浴場裡放鬆享受的是不同於他們羅馬人的「扁臉族」。

「扁臉族」就是現代日本人，自此之後，路西斯就在自己無法控制的情況下，經常在古羅馬與現代日本的世界之間往來。他把從日本得到的靈感，活用在羅馬浴場的設計上，獲得浴場設施專業空間監製者的名聲。

的成本。」

「這種事情大家不會知道吧？就像我剛才說的，股價上漲，大家也只會覺得景氣似乎變好了。」

「就是這樣。不過，也不能把責任全部推給政府。因為政府會這樣亂來，也是為了成全民眾想要免費的『麵包與馬戲團』，不想為了改變而犧牲的心情。」

我們必須確實理解自己生在全新時代，不能再往安逸的方向前進，這就和我們討論金融海嘯時所說的道理一樣。」

「原來如此，因為任性的民眾創造出想要『麵包與馬戲團』的需求，政府才為了回應民眾而提出供給吧！」

「就是這樣。不過可怕的是，金融政策的問題過於困難，不只民眾，就連提供『麵包與馬戲團』的政治家也沒有充分理解有哪些風險。」

「如果政治家與民眾都搞不清楚狀況，原本一直以為是免費的『麵包與馬戲團』，最後送來請款單，那不就糟糕了嗎？」

「是啊，很可怕吧……」

「您從剛剛就一直說很可怕、很可怕，最糟糕的情況可能會發生什麼事呢？」

繪玲奈面對可能會降臨到自己身上的事態，混合著憤慨與不安的心情詢問。

「這個嘛，讓我依序說明。我一開始雖然說日銀沒有辦法自己創造通膨，但事實上，日銀要創造通膨有個唯一的辦法，就是與政府合作，把錢借給政府使用。」

「那他們這麼做不就好了嗎？」

繪玲奈的發言讓教授的臉色暗了下來。

「如果政府確實把這筆錢拿來投資就好，但如果政府為了討民眾歡心，把借來的錢隨便發給民眾，或是叫日銀印鈔票，付給老先生、老太太，會發生什麼事呢？」

「……事情好像會變得很糟啊！」

「由於政府亂發錢，或許會因為貨幣失去信用而造成通膨，但這種情況稱為**惡性通膨**。日銀直接購買政府發行的國債，將錢借給政府的行為稱為『日銀承銷』或『政府債務貨幣化』。這樣的行為很危險，所以遭到禁止。

然而，日銀買下了大部分的國債，或許也可以說是正在實施『政府債務貨幣化』，一但市場開始覺得日銀正在借錢給政府花，貨幣的信用就會暴跌，最糟糕的情況，甚至會變成廢紙。」

「什麼！日銀正在做這麼可怕的事情？」

「是的，如果惡性通膨就這麼發生，鈔票變成廢紙，給老先生、老太太的給付也就一筆勾銷了。就這層意義來看，或許可以說是終極的解決辦法吧！」

「雖然要這麼說也沒錯，但這不是很糟嗎？」

「當然糟到不需要討論了，因為這就相當於國家破產。如果發生了

惡性通膨

經濟活動活躍、貸款增加、物品的需求增加，使物品的價格上漲，稱為「良性通膨」。相反地，貨幣失去信用，造成貨幣價值降低，物品價格相對上漲的狀況，則稱為「惡性通膨」。

惡性通膨的通膨率甚至有可能達到數百%。舉例來說，發行貨幣的國家因為無法償還貸款，產生財政破產的疑慮，導致信用降低，就有可能造成嚴重惡性通膨。

極端不合理的通膨，把大家的生活搞得亂七八糟，那麼國家也完了。不僅如此，日本是全世界GDP排名第三的國家，要是破產，世界經濟也會變得一團亂吧！

政府與日銀應該也不是想透過這種方式解決老先生、老太太的問題。然而，如果可以創造通膨，國家借的錢也能隨著通膨的幅度而減少，所以只要能創造出一點通膨就好，這樣的誘惑也是事實吧！政府懷著這個若隱若現的意圖，覺得只要有二%的通膨，一切就好辦，所以不顧惡性通膨發生的可能性，開始實施『政府債務貨幣化』。即使沒有這樣的打算，但也不能否認，事態或許會在某個時點失去控制。」

「具體來說是什麼樣的情況呢？」

「政府因為達成二%的通膨而開心，但另一方面，要是人們覺得『這其實是政府無法償還付給老先生、老太太的貸款，所以打算透過印鈔票來計畫性破產吧』，或者『雖然政府說是為了改善景氣，但他們明明沒有還錢的打算，卻不斷地把錢花掉』，人們的不安逐漸升高，最後會發生什麼事呢？

日本政府會失去信用，資金逐漸撤離日本，通膨接下來變成四％、十％、一〇〇％、一〇〇〇％……再也停不下來。要是發生這種事情，日本會變成一個離譜的世界，走進店裡時賣三百日圓的咖啡，到了走出店外時或許就會漲到五百日圓，或者必須用卡車載著鈔票去購物。一九二〇年代的德國就實際發生過這樣的事情。」

「這真的很可怕啊……」

「而且，如果日銀再這樣不斷地實施金融寬鬆，從事買國債、買股票這些有風險的投資，要是弄不好，國債的利率上升、股價下跌，最極端的狀況，日銀甚至可能破產。」

「日銀會破產嗎？這種事有可能發生嗎？」

繪玲奈吃驚地說。

「日銀也是銀行啊。如果損失超過資本額或準備金，理論上當然會破產。」

教授繼續苦笑著說。

「不過，日銀與民間銀行的差別在於會計規則。國債與股票採用**原價法**計算，無論上漲或下跌都不會列入利得或損失，所以表面上看不出是賺錢還是賠錢。因此相較於民間銀行，日銀採用的制度即使中途損失也沒有影響，可以說在極少數的情況下才有可能破產。不過，如果股價大幅下跌，就會重新估價，認定損失，在損失重大的情況下，也存在著會計破產的可能性。」

當然，即使不到會計破產的程度，因為理論上無法知道賺了多少或賠了多少，一旦出現明顯重大的損失，將會造成嚴重騷動！」

「換句話說，日銀的會計規則比民間銀行寬鬆嗎？」

「日銀是中央銀行，如果到了必須討論會不會破產的地步，那就太離譜了。話說回來，就連日銀不得不背負風險，討論投資會賺還是會賠，這件事本身也不合理。所以，與其說日銀的會計規則比較寬鬆，不如說日銀原本就不是應該背負風險的機構，因此制度上也就不需要在意

原價法

假設以一百日圓購買期限十年的國債，因為十年後能收到一百日圓的還款，即使途中降價到八十日圓，只要繼續持有到償還為止，就不會出現虧損。這是以中央銀行會持有國債到最後為前提設定的規則。

會計上的利得與損失。」

「原來如此，這麼說也沒錯。民間銀行必須背負風險賺錢，但中央銀行的功能不一樣吧！」

「一般人與政治家或許都不知道，日銀以金融寬鬆為由，不斷地買下國債與股票，其實就是在做有風險的投資。我想大家一定以為日銀是特別的存在，可以自己印鈔票，而且無所不能。

然而實際上，日銀也只不過是一個經濟團體，卻不斷用高價買下股票與國債。這件事的邏輯很簡單，日銀一邊說要讓通膨達到二%，卻一邊以〇．五%這個遠低於通膨目標的利率買下國債，所以一旦他們停止購買，國債就有可能暴跌。如果日銀再繼續像現在這樣背負風險，**或許總有一天會遭遇重大損失**，就理論上來看，即使破產也不足為奇。

只不過，日銀實際上是國家出資成立的銀行，如果遭遇這樣的狀況，國家也會加碼出資拯救。」

「這樣就沒問題了！」

或許總有一天會遭遇重大損失

通常利率會比通膨率高。因為如果利率比通膨率低，實質上的利率就是負的，而在利率這麼低的情況下，誰都不想把錢拿去存。換句話說，如果將來實現二%的通膨，到時利率可能在二%以上，那麼以〇．五%的利率購買國債，就極有可能出現損失。

繪玲奈像是鬆了一口氣地說。

「不、不，這代表國家用我們的稅金去填補日銀的投資虧損。即使不到破產的程度，日銀的損失轉來轉去，最後還是會由我們的稅金買單。只不過政府不會直接對我們說『這是日銀損失的部分，請你們用稅金支付』，所以我們也不會知道。

換句話說，這正是大家原本以為免費的『麵包與馬戲團』，卻送來巨額的帳單，一點都不能說沒問題。如果股價下跌，讓某些人掀起日銀實質上已經破產的騷動，大家想必會吵吵鬧鬧地要追究國家的責任吧。要是變成這樣，最後國家失去信用，誰也不願意購買國債，這麼一來，持有大量國債的日銀將會蒙受更大的損失，使日本陷入永無止盡的惡性循環，最後終將垮台吧！」

「日銀做的事情這麼可怕嗎？」

繪玲奈驚訝地說。

「日銀迫於政治壓力，做出了這種大家以為是免費，實際上卻可怕到連我都不敢做的事情。讓中央銀行背負風險，如果能夠賺錢就算了，但必須充分考慮到如果賠錢的話該怎麼辦，而且這原則上是禁忌。

美國是一個國民對於自己繳的稅如何使用很囉唆的國家，所以追求有限政府的共和黨，以不允許中央銀行背負異常風險，蒙受損失，造成國民困擾為由，監視稅金的流向。但日本的國民對於稅金的使用沒有什麼意見，所以黑田就任總裁之後，不要說是長期國債了，就連不確定資本的股票也接二連三地買下去。他讓日銀背負了難以置信的風險，甚至讓人懷疑再這樣下去總有一天會破產，這個狀態可不是在開玩笑。

證據就是，二〇一四年十月的第二次異次元寬鬆政策決定會議中，審議委員投出了贊成五票、反對四票的票數，這代表開始有審議委員覺得事態嚴重了。

「五比四不就是低空飛過嗎！」

「如果要仔細說明的話，因為**副總裁不太可能反抗總裁**，所以兩位副總裁也表示贊成。但是除去總裁與副總裁的三票之後，六名審議委員

副總裁不太可能反抗總裁

日銀的政策由總裁、兩名副總裁、六名審議委員共九人組成的政策委員會決定。其中，總

當中只有兩票贊成，其他四票都是反對，所以這個提案其實應該要遭到否決才對。

日本的情況雖然特別顯著，但歐洲與美國的中央銀行也多少背負著風險。由於民間不願意背負風險，所以風險不斷地由公家機關來承擔，這樣反常的世界逐漸變得尋常，一想到這裡，我怕得都要發抖了。

話說回來，中央銀行應該在民間銀行經營發生問題時，以『最後貸款者』的角色守護體系。原本必須是最健全的中央銀行，卻背負起驚人的風險，以類似『我都做到這個程度了，你們也要加油！』的感覺在鼓舞民間銀行，這根本是本末倒置。這就像是足球的守門員魯莽地跑到比前鋒更前面的位置，企圖射門得分。」

「這個例子很好懂。這樣不顧一切的攻擊如果能夠得分就好，要是無法得分的話，可能輸得一敗塗地。日銀就像這樣在踢足球嗎……」

繪玲奈啞口無言。

「為了避免這種情況，原則上中央銀行必須是獨立機構，不能受到

裁、副總裁三人是被稱為執行部的最高幹部。在總裁將政策案提到政策委員會之前，執行部已協商過，所以副總裁對總裁的政策投下反對票的可能性極低。過去曾發生過一次執行部意見對立的情況。二〇〇七年二月，岩田一政副總裁在日銀決定升息時投下反對票。但當時的總裁是日銀出身的福井俊彥，與在小泉政權的竹中平藏邀請下，就任副總裁的岩田一政之間的關係有強烈的對立色彩，因此可以說是例外。

政治力干預。這要詳細說明也會變得很冗長，等我們討論金融政策與中央銀行的制度時再一併說明吧！」

或許是因為憤慨吧，總是冷靜的教授，語調也激動起來，讓繪玲奈有點吃驚。

「那麼讓我們整理今天討論的內容。」

教授喝了一口寶特瓶中的水，喘口氣之後說。

「安倍經濟學的說明只是個例子。總之很可惜的，這個世界並沒有朝著消除不安的方向前進，這不僅僅是日本，也是世界各國多少都有的問題。人類想要反抗這個未曾經歷過的全新時代，強行創造出需求來讓經濟成長，企圖讓一切變得合理化，因此所作所為都變得魯莽。」

「這真的是『家畜的安寧，虛偽的繁榮』……我終於清楚教授一開始提到的《進擊的巨人》的意義了。完全弄清楚之後，會讓人怕得全身發抖呢。我們該怎麼辦才好？」

繪玲奈想知道要如何脫離不安，因此靠近教授詢問。

「我們必須採取一些行動。如同我剛才所說的，首先我們必須認知到自己生活在一個不再成長的全新時代，而且也不得不接受這個事實。

如果我們無法接受，還想過著和從前一樣的生活，像個任性的孩子，單純地要求政府把景氣變好，那麼政府為了回應民眾的期待，想辦法讓經濟成長，把一切都合理化，就會做出一些離譜的事情。最後出現像『麵包與馬戲團』這種錯誤的政策。

安倍經濟學雖然抬高了股價，但經濟卻連續兩期負成長，因此招致效果不彰的批判。安倍首相在解散國會的演說中，呼籲安倍經濟學應該要繼續，而我認為，他的演說內容正表達了我前面提到的事情。」

「安倍首相說了什麼呢？」

「大意是，你們叫我改善景氣，我就拚命執行你們的要求，如果要批評的話，**請提出更好的對策**。但是誰也提不出來吧？內容大概就是這樣。的確，我完全可以理解他的心情。如果換成是我，面對『你要改善景氣、你要讓經濟成長』的要求，也會覺得非常苦惱。」

請提出更好的對策

二〇一四年十二月舉行的衆議院選舉，在執政黨的大勝之下結束。但在二〇一二年及二〇一四年衆議院選舉中大獲全勝的自民黨，得票數比二〇〇九年因慘敗而導致政黨輪替的民主黨還要低。也就是說，自民黨雖然大獲全勝，但全體國民對這個政黨的支持率卻不增反減。換言之，因為沒有國民想要支持的政黨，導致投票率降低，在消去法之下形成自民黨獲勝的局面。

像這樣，執政黨以黨的利益為優先考量，在沒有正當理由的情況下解散國會，卻依然贏得選舉，最大的原因或許是因為沒有在野黨能夠提出比自民黨更好的對策。

「因為無法成長了啊……」

「我再強調一次，現在我們經歷的是，幾百年來一直視為理所當然的經濟成長，不再是理所當然，如果無法理解這個規模大到數千年時間軸的變化，就只能做一些無謂的掙扎。現在的狀況是，大家都覺得經濟不再成長太奇怪了，不應該是這樣。就像一個生病的人看了許多醫生、吃了許多藥都好不了，最後在走頭無路的情況下，只好逼不得已伸手去拿毒藥。

政府不想提高稅金，也不想砍掉老先生、老太太的既得利益，只想強迫經濟成長，將矛盾合理化。在這樣的情況下，即使不是安倍經濟學，換成其他的人來做，也同樣不會順利。」

「那麼，該怎麼做才好呢？」

「我們只能為不再成長的全新時代創造新的模式，突破被封閉在《進擊的巨人》城牆中的狀態。要做到這點，日本必須做一些努力才行。如同我在一開始所說的，有限的地球不可能無限地成長，所以我們能做的，只是一些理所當然的事情而已。換一個說法，人類在數千年的成長歷史中，已經達到了應該達到的高度，這時候只能創造新的模式來適應全新時代。」

「為什麼是日本呢？」

「不久之前，美國還認為自己不會變得像日本一樣，但現在已經可以預期美國也將進入長期的停滯狀態，因此也開始討論『日本化』的現象。我們到目前為止提到的這些事情，是全世界先進國家都將面臨的問題。人類在數千年的成長歷史中，達到了應該達到的高度，在這個情況下，最早面臨老先生、老太太急速增加的國家是日本，換句話說，日本比其他先進國家更早觸碰到問題，是『先進國家中的先進國家』，所以日本也是最早在困境中掙扎。

因此，日本必須早世界一步，成為人類面對未曾經歷過的全新時代的典範。所以現在也是考驗我們智慧的時代。接下來的內容，就留待下次再說吧！」

Seminar No.6
我們現在能做的事

在經濟不再成長、流量不再增加的社會當中，把成長時賺到的流量轉換成存量就很重要。我們也必須改變想法，不應該再不斷破壞古老住宅，建設新住宅……

「終於進入了『我們該怎麼做？』的討論了。」

「我們要討論的是，該如何突破被封閉在《進擊的巨人》城牆中的的狀態？還有日本是最早遭到巨人襲擊的國家，因此必須示範給其他國家看，該如何打倒巨人吧？」

「沒錯。」

教授和平常一樣，一邊習慣性地用中指將滑下來的眼鏡推上去一邊說。

「首先，大家可能不知道，學者們正積極地展開研究，企圖找出能夠配合我們前面一直在討論的『全新時代』的社會與經濟模式。發起研究的學者遍及自然科學與社會科學等各方面，超越了經濟學的範疇。

經濟學是在世界體系形成與工業革命之後的成長時代中誕生的學問，為了因應不再成長的全新時代，經濟學正面臨轉變。現在逐漸成為一個必須從多元化觀點探討問題的時代，因此，經濟學本身也需要做改變。」

「原來如此。」

「物理學家岸田一隆寫了**《三種循環與文明論的科學》**這本書，讀了這本書，可以從自然科學的觀點知道，人口過度膨脹帶來的結果，將使地球資源的消耗達到極限，如果不轉變成『恆常型社會』與『恆常型經濟』，就連人類是否能夠延續下去都會成為問題。

前世界銀行的經濟學家赫曼．達利寫了**《超越增長：可持續發展的經濟學》**這本書，他表示『如果經濟學家可以證明地球也以同樣的速度成長，我就接受經濟會無限成長的可能性』，這段話指出了從四十多年前發展至今的新古典派主義經濟學的矛盾，並且提倡『恆常型經濟』。」

「『恆常型社會』與『恆常型經濟』是什麼意思呢？」

「就是不管經濟活動再活躍，規模都不會再擴大的社會與經濟。畫成圖表的話，就是原本一直向右攀升，持續成長的線條，轉變成水平線。我們必須進入這樣的世界，因為這是『全新時代』的全新模式。

《三種循環與文明論的科學》

專門研究原子核、基本粒子的仁科加速器研究中心前研究員岸田一隆的著作。他認為接下來的幾百年，將面臨自人類誕生至今未曾經歷過的改變期，為了迎向美好的未來，人類必須理解下列幾點才行：

①人類社會由「物質．能量」、「產業」、「金融」這三種循環支撐著。

②永續是指這三種循環維持平衡，持續下去。

③成長絕非永續，人類必須以恆常型社會為目標。

科學技術可以將人工循環擴大到多大、價值觀的改變可以將經濟規模精簡到多小，這兩者之間的平衡將影響我們的社會規模。

要做到這一點，首先必須想辦法讓那些以為成長是理所當然，把社會變得扭曲的老先生、老太太配合。只要能夠解決這個問題，就不需要再採取亂來的成長戰略，不安的感覺也會消除吧！當社會安定，極端的少子化就會停止，也就有可能轉移成『恆常型社會與經濟』了。」

「這該怎麼做呢？」

「乍看之下或許會覺得這無法解決，但我認為，實際上只要做一些理所當然的事情就夠了。經濟規模縮小，用一個淺顯易懂的方式來比喻，就是房子變小，所以只要老先生、老太太能夠理解現在就是這樣的時代，並且願意忍耐，不要再任性的話，大家就能和睦地生活在一起。只要能夠做到這一點就夠了！

以御影同學的家庭為例，如果爺爺、奶奶說他們想過和以前一樣的生活，為了此借錢借到全家都快破產了，還把還錢的責任強行推給御影同學或小嬰兒，只要自己能夠過好生活就行了，那麼御影同學妳會有什麼感受呢？」

《超越增長：可持續發展的經濟學》(*Beyond Growth: The Economics of Sustainable Development*)

世界銀行環境部門的前資深經濟學家、「恆常型經濟」的先驅者赫曼．達利（Herman E. Daly）的著作。赫曼．達利在世界銀行任職時，正值自由主義經濟全盛期，在主張成長才是正確的世界銀行中，不斷地提出異議。赫曼．達利認為，經濟必須轉變成恆常狀態，才能永續發展。他也指出，個體經濟學明明有最適當的規模，但總體經濟學卻沒有設想到其限制，這點相當矛盾。他認為總體經濟應該受到地球環境限制，也有最適當的規模，以這個觀點為基礎展開理論。他與之後成為美國財務首長的世界銀行主任經濟學家勞倫斯．桑默思（Lawrence Summers）意見相左，並對

「這樣很糟啊，太離譜了……」

「但他們正以國家為單位在做這樣的事情。老先生、老太太為了領取社會保險給付，從御影同學與小嬰兒身上，借了幾乎快讓國家破產的金額。

所以，即使是以國家為單位，只要大家都認同『讓小嬰兒養很可恥』、『把債務推給子孫，只有自己過著和從前一樣的生活很不好意思』，擁有像這樣極為理所當然的道德意識不就解決了嗎？而且日本沒有跟外國借錢，所以只要在自己國家內部調整就行了。只要老先生、老太太與御影同學、小嬰兒談好就行了。這麼一想，退休金的問題也一樣，不領退休金就無法生活的人另當別論，有足夠資產的人不是應該謝絕領取嗎？」

「嗯，的確是這樣沒錯……但我覺得這似乎有點理想論。大家就是因為道德意識沒那麼高，才無法輕易接受這樣的提案不是嗎？」

繪玲奈無法認同，歪著頭說。

世界銀行提出批判。他認為世界銀行是一種教會，這個神學般的經濟學，被以麻省理工學院為據點的經濟學者占據。因此他在一九九四年從世界銀行辭職，回歸學者生活，並撰寫本書。

曾遭赫曼．達利批評的麻省理工學院前教授、世界銀行前首席經濟學家史坦利．費雪（Stanley Fischer）現在成為美國聯準會副主席，在他的主導之下，貨幣主義學派成為政策的中樞，影響遍及全世界。聯準會前主席班．柏南奇（Ben Bernanke）、歐洲央行總裁馬力歐．德拉吉（Mario Draghi）、勞倫斯．桑默思都是他的學生。

日本也沒有例外地遵從赫曼．達利所批評的「神學般的經濟學」，採取金融寬鬆政策，結果來到了進退不得的窘境。

「妳說的沒錯，目前或許是如此，實施像『麵包與馬戲團』一般的政策就是證據。但我覺得，只要我們想起自己是日本人，要做到這點並不是那麼難。」

「想起自己是日本人？這是什麼意思呢？」

繪玲奈心想，教授又說出了讓人聽不懂的話。

「我們應該回想，祖先是在什麼樣的想法下，費盡千辛萬苦讓日本這個民族延續下來。我們之前討論過世界體系理論的話題吧？從葡萄牙、西班牙的大航海時代到荷蘭、英國的霸權，世界被資本主義吞噬，殖民地的人成了『賢者之石』。

日本在這樣的時代中，選擇走上與世界體系完全相反的道路。日本鎖國兩百五十年，在這段期間打造了和平的體制與高度的社會，過著幸福的生活。換句話說，這段時間經濟明明幾乎沒有成長，依然能創造出富足的環境，大家和睦地生活。也就是說，日本人曾經實現剛才提到的『恆常型社會與經濟』，可說是至今為止的人類歷史中，唯一做到的民族喔！」

「哇，真的嗎！」

教授口說出「人類歷史中的唯一」這段話，讓繪玲奈相當驚訝。

「過去日本透過自己獨特的法律制度與市場機制，成為不下於歐美的先進國家。而且武士明明屬於統治階級，卻比民眾還貧窮，社會階級不嚴謹，階級也可能流動，對歐美人來說，日本的社會是難以想像的扁平。」

「但我對江戶時代的印象是，當時有士農工商的階級制度，農民的身分雖然被抬舉到第二高位，卻遭受壓榨，吃不飽也餓不死，相當貧窮。武士則是斬殺百姓也不必遭受懲罰的特權階級，因此農民經常起義，是個百姓受到壓迫的世界……這個印象與實際狀況不同嗎？」

「最近的研究否定了這種江戶時代的印象。江戶時代的日本與世界其他國家有一個決定性的不同，那就是統治階級沒有腐敗。因為日本是以儒學治國，建立了向值得尊敬的優秀人才請教治國的制度，讓日本成為世界少見的文治社會。

而且，統治階級採取不以經濟利益為優先考量的教養主義，如同我之前說的，武士階級貧窮，民眾還比較富足。開國之後，**讓來到日本的外國人吃驚**的是，應該是壓榨方的武士階級過得相當清貧。教養主義與儒家的道德觀一直延續到第二次世界大戰前，日本曾經是道德意識很高的國家，而這也是日本之所以能夠執行『恆常型社會與經濟』的重要背景。」

「這是什麼意思？」

「簡單來說，如果經濟不斷成長，社會越來越富足，要瓜分成長所帶來的大餅，調整利益分配很簡單。無論量多量少，每個人都能分到餅，所以就算有貧富差距，不滿也有限。

然而，如果經濟不再成長，沒有餅可以分，這麼一來，狀況就會變成零和遊戲，某個人的收穫就是別人的損失。如果當中有人自私任性，就會立刻引發爭端。就這層意義來看，考量整體利益的道德意識，對於

讓來到日本的外國人吃驚

《歷史的殘影》是歷史學家渡邊京二的名著，書中收錄許多在幕府末期到明治時期造訪日本的歐美人寫下的信件與論文，可以看見當時的日本與日本人是什麼樣子。

舉例來說，美國首任駐日本總領事湯森·哈里斯（Townsend Harris）描述的日本「既無富者，也無貧者，這或許可說是人民真正幸福的樣貌吧！」書中也記錄了湯森·哈里斯在謁見將軍德川家定時，因將軍服裝與江戶城的簡樸感到吃驚：「說我的衣服比他的還要貴上許多也不為過。」

實施『恆常型社會與經濟』非常重要。比起追求經濟利益，珍惜學問與藝術等精神世界的價值觀，也變得更重要。」

「即使強取豪奪也要成長，這對當時的外國人來說是理所當然，在他們的眼中，日本是個不可思議的國家吧？」

「完全沒錯。現在人缺乏危機意識，完全忘記弱肉強食在這個世界是理所當然的道理。過去的人們一直懷著不知道何時會被侵略的危機感走到今天。

江戶幕府也很清楚，西班牙、葡萄牙盡其所能地掠奪美洲大陸的原住民，歐洲各國也為了自己的成長，將邊陲地區當成『賢者之石』使用。德川幕府之所以會禁止基督教，就是因為他們將西班牙、葡萄牙視為危險的存在，也因此才會採取鎖國政策，禁止國民與荷蘭及亞洲以外的國家交流。」

「那為什麼幕府會與荷蘭交流？」

「荷蘭也從事奴隸貿易，與西班牙、葡萄牙在根本上並沒有不同，但荷蘭人為了壟斷貿易，向幕府宣傳西班牙及葡萄牙的危險性。

當然，幕府也掌握了一些情報，並沒有把荷蘭所說的話照單全收。但是，荷蘭理解幕府對基督教懷著戒心的想法，因此主張自己是新教徒，和西班牙、葡萄牙不一樣，來日本只是為了做生意而已。」

「幕府為什麼會對基督教懷著戒心呢？」

「因為當時基督教傳教士與奴隸商人勾結。如同我之前提到的，當時的天主教相當腐敗，羅馬教皇收受奴隸商人的獻金，為奴隸貿易背書，傳教士則搭著奴隸商人的船前來。把武器賣給改信基督教的戰國大名，協助他們打敗敵方大名，並將敵方大名的人當成奴隸販賣，這些傳教士都有參與。」

「他們竟然做了這麼離譜的事，太讓人驚訝了！」

這又是課本上沒寫的知識，讓繪玲奈大吃一驚。

「所以有一個說法認為，**在戰國時代，人與刀劍日本主要的出口品**。西班牙、葡萄牙也在非洲大陸做一樣的事情，他們在部族間發生爭

在戰國時代，人與刀劍日本主要的出口品

出處：藤木久志《【新版】雜兵的戰場：捕抓中世紀的傭兵與奴隸》

端時提供武器，並且將黑奴運到美洲大陸。幕府了解這些事情，因此選擇與世界體系保持距離。」

「換句話說，日本是為了採取和平路線，才刻意不與外國建立關係嗎？」

「是啊，日本藉由鎖國來建立富足、和平的社會。然而，英國的霸權擴大到全世界，歐洲也開始將觸角延伸到先進、富足的亞洲。於是，就連原本一直是全世界最先進國家的中國都成了歐美的殖民地，美國的培里也強迫日本開國，將日本捲進世界體系中。如果日本沒有遭遇被世界體系吞噬的危機，或許會一直維持自己獨特的高度，成為富足而和平的國家吧！

不管日本願不願意，最後都在外力的壓迫之下加入世界體系，在弱肉強食的世界巨浪中，費盡千辛萬苦才得以維持自己的路線。日本之所以會開國，朝著富國強兵的方向發展，是受到恐懼感驅使。因為如果不這麼做，過不了多久就會成為歐美列強的殖民地，日本人也會被當成的

『賢者之石』使用。

江戶時代雖然沒有成長，但也不耗費軍事成本，幕府把資源都投入民政，打造了富足的社會。但是到了明治時期，日本為了生存，一改從前的做法，開始提高軍事力量。日本朝著軍事化國家發展有逼不得已的理由，並非出自於本意。

第二次世界大戰後，日本被認為和歐美列強一樣，想將亞洲國家變成殖民地，才加入世界體系的霸權之爭。日本自己反省戰爭，也抱持著自虐性的史觀。但實際上並不是這樣。日本當初的策略是，亞洲人如果不同心協力抵抗歐美的世界體系，就無法生存下去。而日本是唯一沒有遭世界體系吞噬的亞洲先進國家，因此企圖負起領導的責任，帶領亞洲國家對抗歐美列強。」

「是這樣嗎？我一直以為日本也是因為想要殖民地，才會侵略亞洲國家。」

「這是因為戰後偏頗的教育，採取否定戰前的一切。只要有系統地思考，日本好不容易才在**日俄戰爭**中獲勝，避開了被捲入世界體系的威脅，真的沒有多餘的心力與亞洲的同伴打來打去。

只不過，日本的這個策略執行得並不順利。因為日本在亞洲的排序很低。」

「這是什麼意思？」

「中國一直以來是世界最大的帝國，所以中國有自己是世界第一的『中華思想』，覺得其他國家都在自己之下。從排序上來看，中國是老大，韓國・朝鮮是一號部下，越南是二號部下，日本則是地位最低的小弟。」

「換句話說，地位最低的日本成為亞洲的領導者，讓中國或韓國・朝鮮覺得不舒服嗎？」

「我想他們的自尊心一定不允許這種事情。日本實施的殖民政策與歐美國家很不一樣，不僅沒有採取低開發化政策，反而積極投資殖民地，企圖把殖民地變成像日本一樣的先進國家。最明顯的例子，就是日

日俄戰爭

日俄戰爭（一九〇四年～一九〇五年）是日本賭上國家存亡的一場戰爭。如果日本在這場戰爭中輸給了擁有壓倒性國力的俄國，或許就會被歐美列強的世界體系吞噬，成為他們的屬國。二〇三高地之役是最有名的一戰，日本雖然蒙受龐大的損失，依然傾盡國力，最後獲得勝利。

這也是被歧視為劣等民族的有色人種首次勝過白人。印度獨立運動的領導者，也是第一任總理尼赫魯寫道：「日本的勝利讓我十分興奮……我夢想著自己也能拿劍為印度而戰，將印度、亞洲從歐洲的統治當中拯救出來。」中國革命家孫文也表示：「日本崛起之後，白人就不再歧視亞洲人了。日本提升了其他亞洲人的國際地位。」

本率先在殖民地韓國·朝鮮與台灣，設立了大阪、名古屋都還沒有的帝國大學。對於一心一意實施低開發化的歐美國家來說，花錢讓殖民地的人接受高等教育根本是不可能的事情，但日本卻不一樣。

台灣成為感謝這個時代的日本的親日國，但同樣接受投資的韓國·朝鮮至今依然對日本存有芥蒂，原因就是『中華思想』的影響，對於自己成為地位最低的日本的殖民地懷著憤恨。」

「歐美只想著要壓榨殖民地，根本沒有打算投資教育，但是日本不一樣。」

「是啊。日本也投資韓國·朝鮮，想幫助他們近代化。不過，韓國·朝鮮卻不認為近代化是好事。」

「咦，他們為什麼不希望國家發展呢？」

「就日本的情況來說，武士在近代化的時候放棄自己的特權，實現士農工商四民平等。維新政府的核心人物，像大久保利通與西鄉隆盛，也是出身下級武士，而非特權階級的大名。然而，韓國·朝鮮依然由兩班的貴族階級進行專制統治，壓榨人民。如果韓國・朝鮮也像日本一樣，變成近代化且四民平等的國家，貴族階級就會喪失特權，因此他們相當不樂意。換句話說，與其讓國家發展、近代化，他們更希望緊抓著自己的既得利益不放。所以日本藉由投資與教育，讓韓國・朝鮮人民擁有知識，邁向近代化，對於兩班這些既得利益者來說卻是在幫倒忙。

即使到了現在，北韓仍然維持獨裁體制，以高壓統治民眾。全世界都很疑惑，為什麼北韓可以維持這樣的獨裁體制。北韓只不過和兩班一樣，故意不實施近代化，藉此壓榨民眾罷了，和從前沒有兩樣。」

「又是既得利益者嗎……說到底，把這個世界變得不合理的，都是既得利益者……」

繪玲奈邊嘆氣邊說。

「完全沒錯。雖然有點離題，不過《半澤直樹》爆紅之後，大家似乎對銀行也多少有點熟悉，我們就以日本的銀行為例，稍微聊一下既得利益者是如何把這個世界變糟。

泡沫破滅之後，持有不良債權的銀行一直將不良債權揣在懷裡，不願意售出。因為一旦售出就會出現損失。這些銀行盡其所能地想要掩飾損失，結果卻是不斷擴大傷口。最後，好幾家銀行因此破產，日本的景氣也跌落谷底。之所以會發生這種事情，也是因為銀行的經營高層這些既得利益者，不希望自己在職期間因為造成銀行的損失而被追究責任，所以不斷地拖延問題爆發的時間點，企圖在退休之前完全脫身。換句話說，銀行會破產，都是因為他們想把責任推給下一個世代的關係。」

「我已經不想再聽到什麼既得利益者，還是拖延問題的事情了！」

繪玲奈摀著耳朵說。

「話題跑得有點遠了，我們言歸正傳。日本最後還是無法順利與中國及韓國．朝鮮合作，很可惜地，日本的策略沒有成功。這點現在也一樣，中國的政治家如果不對外展現出中國是世界第一的態度，就不利於國內的權力鬥爭。所以儘管並非出於本意，在面對日本時，必須採取高高在上的態度，對日本懷著敵意。中國經常為了自己國家的利益做出意義不明的行為，明治之後的日本歷史，就是長期受中國、朝鮮擺弄的歷史。」

「實在很羞愧，我在今天以前都不知道這些，日本真的與其他國家完全不同。」

「世界體系的運作方式就是靠著掠奪讓自己成長，不過，日本卻在這樣的世界體系中，在江戶時代實現了雖然沒有成長，但大家都過著富足生活的和平時代，而且延續長達兩百五十年。我認為，只要知道日本的這段歷史，就會覺得緊抓著既得利益不放，為此破壞年輕人的夢想，還任性地讓小嬰兒養，這種行為實在令人羞愧。」

「的確，這雖然很單純，但只要了解歷史，就會覺得這段話非常有說服力。」

「考慮到將來的發展，就會知道社會應該把錢投資在背負未來的人身上，像現在這樣把錢都花在老先生、老太太身上是不行的。錢必須花在教育上，培養出不輸給機器的人才。不斷膨脹的教育經費必須由社會來負擔，像現在這樣貧富兩極化，父母有錢才有機會受教育是不行的，我們必須思考該如何設計賦予每個孩子受教機會均等的社會。

以前在鄉下地方，如果有生於貧困家庭的優秀孩子，當地的有力人士會出錢把他**送到東京去**，讓他接受教育。也就不難想像，這些得到幫助的孩子多麼會拚命地為國家與地方的繁榮而努力。

只要日本人想起自己是『日本人』，既得利益者就會知道在現在的情況下，緊抓著既得利益不放是多麼愚蠢又羞愧的事情，主動放棄既得利益，讓它變成對未來的投資。我想我們一定做得到。」

「我完全被您說服了，但是我有一個問題。」

「什麼問題呢？」

「關於既得利益者的問題我已經懂了，但是教授一開始說過，能夠跟得上全新時代的數位革命的人，只有一小撮不是嗎？」

「或許是這樣沒錯。不過，對高科技沒有自信的人，只要反過來，以徹底的類比為目標就可以了。數位科技越發展，類比的優點就會變得

送到東京去

佐藤紅綠的《嗚呼花浮玉杯》是戰前的暢銷小說。主角青木千三由於家境貧窮，必須幫忙家裡賣豆腐的工作，無法進入中學就讀。柳光一是千三的小學同學，因為家境富裕，得以升上中學。這本書就是描述千三與光一及其他少年友人交流的故事。

小學時展現出優異天賦的千三無法繼續升學，讓光一的父親覺得惋惜，因此願意出資贊助千三直到大學為止的學費。千三雖然很感激，卻堅決婉拒光一父親的好意，選擇勤勉苦學，以考進舊制一高為目標。小說名稱《嗚呼花浮玉杯》就

越明確，也越能產生價值。換一個容易理解的方式來說，如果數位革命的成功者透過高科技聚集財富，那麼以他們為對象的產業就應該以高度的類比為目標。因為不管世界變得多麼高科技，有些事情還是只有人才做得到。我舉一個容易理解的例子來說明，譬如壽司店。」

「壽司店？」

出乎意料的話題發展，讓繪玲奈重新確認一次。

「是的。壽司店在這二十年來有很大的改變，以前街上還有願意外送的壽司店，但現在這些店完全失去了蹤影。引進機器人取代壽司師傅是原因之一，迴轉壽司店開始提供便宜的壽司，街上的壽司店因為失去競爭力而遭到淘汰。

這是我們身邊科技淘汰人工的例子。然而，並非所有壽司店都被迴轉壽司淘汰，高級壽司店反而有增加的趨勢。重點在於，無論科技怎麼發展，還是很難以科技來表現微妙的細節。機器人捏的壽司，終究只是機器人捏的壽司而已。」

是舊制一高宿舍歌的第一句歌詞。

雖然是小說，但在戰前，經由一高進東大的學生後來都成為支撐日本的菁英。貧苦人家的少年只要有機會進入一高，地主與仕紳就會集資贊助他學費，將他送到東京念書。

現在日本千圓鈔上的肖像野口英世也是出身貧苦家庭，因為有恩師小林榮的資助才得以升學，最後也到東京發展。

「類比的世界，就是職人的世界嗎？」

「是的。高度的專業技術，可以產生高附加價值。為了讓消費者清楚理解這一點，品牌很重要。舉個顯而易見的例子，義大利或法國的名牌包、名牌鞋，就是職人的專業技術帶來的附加價值。」

「的確，高級包包必須由師傅手工製作。」

「是啊。名牌商品經過均一化，表面上看起來都一樣，但師傅的手工還是有差距。據說熟練的師傅製作的商品會優先賣給歐洲的常客，這就是手工製作才能展現的類比世界！」

「我以前都不知道呢。」

「附帶一提，我前面雖然說過，音樂是數位驅逐類比的世界，但另一方面，最近**類比唱片也復活了**。真正喜歡音樂的高端顧客開始買音響，享受類比唱片播放出來的音樂。數位音樂與類比音樂也同樣有著微妙的差異。數位音樂將原本的音源波形轉換成零與一的數位訊號，看起來就像階梯一樣，呈現高高低低的鋸齒狀，但類比訊號卻是平滑的線

類比唱片也復活了

一度讓人覺得瀕臨滅絕的類比唱片，在二〇〇五至二〇一三年的這八年間，美國的銷售量成長了六倍以上。根據統計入口網站 Statista 的資料顯示，二〇〇五年與二〇〇六年銷售量不滿一百萬張的黑膠唱片，在二〇一二年與二〇一三年達到四百六十萬張與六百一十萬張，呈三級跳成長。二〇一三年，類比唱片在英國及德國的銷售也創下一九九〇年代後期的最高紀錄。同年，全世界類比唱片的銷售額達到兩億一千八百萬美元。（出處：《哈芬登郵報》二〇一四年十一月二十一日）

條。換句話說，數位無法記錄階梯與階梯之間的音，但類比訊號卻能記錄並播放出來。因此類比唱片能夠播放出接近現場演奏的自然音色，可以感受到人的溫暖。所以講究真實感的人才會選擇類比唱片。」

「換句話說，數位還是有它的極限。越是高端的商品，對類比就越有利。」

「沒錯。在經濟不再成長的全新時代，與其追求『量』，更應該追求『質』。對於不再成長的『恆常型經濟』來說，追求改善品質，比追求增加數量更重要。我們可以透過高度的類比來追求品質。

舉一個簡單的例子。對於食量大的年輕人來說，『吃到飽餐廳』或許很有吸引力，但年紀大了之後，逐漸吃不了這麼多的量，所以如果價錢相同，比起份量，品質更重要。經濟也一樣，年輕、不斷成長的時代已經過去了，現在進入年長、成熟的時代，我們必須把重點從『量』轉移到『質』。

就這層意義來看，就像法國料理的料理長會建立自己的品牌，從事各種商業活動，日本料理的世界，擁有世界最高的類比技術，也具備了無限的可能性。」

「我有一個更庶民的例子。最近拉麵在紐約掀起風潮，教授您怎麼看這件事呢？」

「日本對類比的講究得到全世界的認可，而且不只限於傳統事物，動畫與漫畫也是如此。日本製造業的強項**『磨合組裝』**也是屬於類比的部分。舉例來說，『貝親』是知名的奶瓶名牌，他們徹底研究嬰兒吸奶的方式，製造出嬰兒會誤以為是母親的乳房、吸起來完全不覺得奇怪的奶瓶，這正是日本人特有的類比技術吧！在接下來的全新時代，質比量重要，因此也是高品質類比技術能夠帶來價值的時代。」

「原來如此，類比啊……」

「除此之外，我想只要能夠理解『茶』的世界，『恆常型社會與經濟』就會變得很好懂。」

「『茶』是指茶道嗎？」

磨合組裝

一邊調整零件與模組，一邊組裝，是製作高品質產品的一種技術。舉例來說，汽車有引擎、車體、懸吊系統等不同的模組，這些模組都會影響搭乘的舒適度。但即使每個模組都使用最高品質的製品，車子搭乘起來也不一定舒適，想要提高舒適度，還需要一邊調整各個模組，一邊組裝的「類比」作業。相反地，電腦或家電產品等，只要將高品質的模組組裝起來，就能製成高品質的產品。像組裝汽車這樣的類比作業就稱為「磨合組裝」。

繪玲奈心想，教授又開始說一些出人意表的事情了。

「是的，我前面也稍微提到過，對於『恆常型社會與經濟』來說，富足與否，不應該只以物質多寡來衡量，珍惜豐富的自然與精神文化的價值，更是重要的價值觀。

《一代茶聖千利休》是直木賞得獎作品改編而成的電影，裡頭有一幕是織田信長問南蠻人：『你覺得這個茶罐值多少錢？』南蠻人回答他：『在南蠻，這不是大家會花大錢買下的東西。』織田信長聽了之後大笑說：『你真老實啊！』南蠻人受邀體驗茶道，看到日本人在柴房般的狹小茶室，畢恭畢敬地對待一個小小的茶罐，不禁歪著頭感到疑惑。他的樣子讓我印象深刻。茶道追求的是蘊含在自然當中的藝術，屬於日本人的精神美感，與禪的世界相通，在某種意義上也是哲學。日本自古以來就非常重視這種『美的世界』的價值。

從信長的時代到江戶時代，日本人對『茶』的熱中非比尋常。相傳織田信長旗下的武將瀧川一益在立下戰功後願意放棄加封領地，只求信

《一代茶聖千利休》

山本兼一的小說《利休之死》改編而成的電影。雖然利休的「美」的原點來自女性這個設定令人存疑，但就戀愛故事來說是一部很棒的作品，電影當中也出現許多著名茶器。故事從天正十九年（一五九一年），利休切腹當天開始。利休的妻子宗恩質問他心底深處是否有一位傾慕的人。利休雖然否認，但確實有一位女性的身影烙印在他的心底。利休隨身攜帶的綠釉香合，就是這位美麗高麗女子的遺物。利休擁有絕對的美感，他在擔任織田信長的茶頭時，甚至對信長誇口「美，就是我說了算」，最後豐臣秀吉也被他擄獲。利休獲得「天下第一宗匠」得名聲，挑動了豐臣秀吉的好奇

長將手中有『名器』之稱的茶器賞賜給他；或是反叛信長的松永久秀拒絕交出名器平蜘蛛，帶著平蜘蛛自爆而死，這些逸事或許都是有點誇張的傳說，但對外國人來說應該很難理解其意義吧！」

「啊，這段我在漫畫**《戰國鬼才傳》**裡看過！」

「現在的日本人完全忘記了茶道的美，反而是過去歪著頭感到疑惑的外國人，最近被這種自己國家沒有的文化感動，甚至完全迷上了。其實直到昭和初期，日本財界人士都還有『品茶』的嗜好，也贊助這樣的文化。茶道師傅就像是對所有藝術都有了解的智者與哲學家，就像尊崇儒者的江戶時代一樣，成為日本建構高道德意識社會的背景。即使是賺很多錢的人或統治階級，也很尊敬在知識世界或藝術、文化上擁有高成就的人。」

「茶道真深奧啊！」

繪玲奈原本對茶道的印象就只有新娘修業之類的，聽完教授的說明之後茅塞頓開。

心，想要探究他一直隱藏著、關於「美」的原點。而利休的秘密，就隱藏在他年輕時的記憶……

《戰國鬼才傳》

山田芳裕創作的漫畫。主角古田織部在利休死後成為茶頭，他也是利休七哲當中的一人。這部作品並非以戰爭為主題，而是以茶道為主題。茶道在織田信長、豐臣秀吉開創的安土桃山時代開花結果。漫畫從「美」與「風雅」的角度描寫戰國時代。透過豪邁、滑稽的獨特畫風，與縝密的戰國時代考證，描繪出當時的天下態勢與戰國武將的生存方式。在雜誌連載時，每回都會在欄外寫著這樣的大綱介紹：「這是每天都在『出人頭地』與『物質』兩種欲望中，反覆糾葛與

「日後**我們將進入『恆常型經濟』**，而從前習以為常的價值觀就更加重要。

接下來的全新時代不會再像《欲望城市》那樣，把炫耀物質當成時尚，而應該效法從前的觀念，追求極簡的美，才是時尚。」

「像美國那樣以不斷消耗物品為樂的行為，已經行不通了。」

「是啊。如果全世界人都過著和美國人一樣的生活，需要**五・三個地球**才夠用。」

「真的嗎？好慘！」

「真的很慘！」

繪玲奈「好慘」的率真反應似乎戳中了教授的笑點，教授笑著說下去。

「如果不建立起沒有成長的經濟模式，地球就會毀滅。而且現在也無法繼續成長，就這層意義來說，凱莉已經過時了，接下來茶道極簡的美才是流行。人類只不過是大自然的一部分，對於面臨極限的地球來

苦悶的戰國武將古田織部的故事。」身為武將的古田織部雖然默默無名，但同時身為茶人的他卻是天下第一。陶器「織部燒」就是以他的名字命名。

我們將進入「恆常型經濟」

古典派經濟學家約翰・彌爾（John Stuart Mill）也認為成長總有一天會達到極限。經濟上的進步雖然會停滯，但在精神文化面的進步反而會更上一層樓。（參考：《農林金融》二〇〇五年五月號，植田和弘〈富足與穆勒的恆常狀態論〉）

三・五個地球

人類的活動會對環境帶來負荷，生態足跡（人類活動在地球環境中留下的足跡）就是將

說，我們需要像這樣的世界觀。時尚的基準非得改變不可。」

「原來如此，茶道好深奧啊……」

繪玲奈從來沒有想過，討論茶道還可以連結到地球環境達到極限的話題。

「茶道集結了掛軸、茶具等傳統工藝類比技術的精華，像這樣的綜合性藝術，擁有極高的附加價值。現在靠著科技累積財富的人，與其把錢花在購買海外的名牌，不如像昭和初期的財界人士那樣，重視茶具等傳統工藝，將日本之美，以及類比世界的美好，推廣到全世界去。」

「教授，我完全懂了。讓日本人想起自己是『日本人』，這句話真是不錯呢。我第一次對自己身為日本人感到驕傲。」

繪玲奈一本正經地說。

「這、這樣嗎……被妳這麼一說，我都不好意思了。」

教授真的很不好意思似地說。

「走在世界前端的日本必須做出示範。日本人在江戶時代就曾經實

資源再利用與廢棄物淨化所需要的面積，轉化成容易理解的數值指標。生態足跡顯示，如果全世界的人都過著美國人一樣的生活，那麼大約需要三．五個地球才夠用。日本雖然是七大工業國當中數值最低的，但也需要二．四個地球。

現『恆常型社會與經濟』。在那個時代，擁有道德意識的統治階級未曾腐敗，經濟雖然沒有成長，但資源分配平均，國民過著幸福的生活，孕育出豐富的文化。所以我認為，我們應該能夠為即將到來、不再成長的全新時代做出示範。」

繪玲奈點頭。

「原來如此。」

「說明得更詳細一點吧。人類首次面臨的全新時代，雖然意味著世界體系結束，但也不表示我們會回到五百年前的封建時代，全球化也不會完全消失。人類不可能再回到五百年前，各個地方都有獨立經濟圈的狀態。雖然江戶時代成功實踐了『恆常型經濟』，但當時只需要養少少的人，所以江戶時代的模式也不是完全通用。

然而，如同知古鑑今這句成語所說的，過去的模式也不是完全沒有參考價值。日本在被捲進世界體系之前，經歷過沒有成長的『恆常型經濟』，我們應該可以中學到許多東西。即使經濟沒有成長，也能公平分配資源；考量整體社會與未來的道德意識；與自然共生；為豐富的精神文化賦予價值，這些都是重要關建。

附帶一提，經濟學始祖亞當．史密斯生在經濟成長還未正式開始的時代，當時的他，其實是格拉斯哥大學的道德哲學教授。」

「什麼，亞當．史密斯不是經濟學教授嗎？」

「在經濟還沒成長、世界體系與工業革命尚未開始之前，經濟學是不存在的。經濟最關心的事情，是這個沒有成長的『餅』要如何分配，大家才不會抱怨，是屬於道德哲學的一部分。亞當．史密斯在工業革命展開前不久，打破以往的常識，首度討論經濟成長，因此說他是經濟學始祖。」

「原來如此，我都完全不知道。」

「日本還保留著被捲進世界體系前的經濟模式DNA。如果我們能夠早點察覺這個事實，採取高道德意識的行動，我想這些絕對不是無法解決的問題。我可以再舉漫畫的例子來說明嗎……」

「我最歡迎教授舉漫畫當例子了！」

繪玲奈笑著說。

「妳知道**《請叫我英雄》**這部漫畫嗎？」

「當然知道，這部漫畫很流行啊。就是有怪病蔓延，被患者咬到之後也會被傳染，變得像僵屍一樣。」

「沒錯。叫做ＺＱＮ的怪病在沒有任何徵兆的情況下大肆蔓延，被感染的人會變成殭屍襲擊別人，導致社會失序。我覺得這部漫畫也是描述現在和平、普通的日常生活突然遭到某種事物襲擊而崩壞的故事，和《進擊的巨人》一樣反映出人們莫名的不安。」

「人類突然遭受襲擊，在不知道該如何應付的狀況中掙扎求生，就這點來說，確實是一樣的。果然，社會上的不安正在擴大吧！」

「是啊。怪病和巨人一樣，在背景成謎的情況下，毫無理由地襲擊人類。不過，《請叫我英雄》有一個耐人尋味的特徵，那就是主角的行動具備高度的道德意識。」

《請叫我英雄》

花澤健吾創作的恐怖漫畫，描述平凡的日常生活在謎樣傳染病的侵襲下崩壞的故事。

主角鈴木英雄是乏善可陳的三十五歲漫畫家，處女作在連載開始不久後就被腰斬。背負著債務的他想要重新振作，卻一直不受出版社青睞，每天過著苦悶的生活。另一方面，社會接連發生多起被咬傷的事件，路上可以看見越來越多警察……英雄也在深夜目擊到被計程車輾過、脖子折斷的女性，還能夠咬傷司機，並且發出怪聲離去。最後，日常生活開始失序。怪病蔓延，英雄身邊的人也變成食人殭屍，他的戀人與同事也犧牲了。傳染病在全世界蔓延，恐慌不斷擴大，秩序一團混亂，在這樣的狀況下，英雄開始採取行動……

「真的！他被襲擊時候明明已經通過驗票閘門，卻還要一邊道歉，一邊拿票卡出來補刷。道德意識是很高，但也讓人覺得不是做這種事情的時候啊！」

繪玲奈笑著說。

「對吧。在警察、自衛隊都失能的無政府狀態下，他在無人商店『掠奪』食物時，還把錢放在櫃台上……」

「這已經不能說是『掠奪』了吧！」

「對呀！除此之外，他也想遵守槍械法的規定，或是在侵入民宅時擺一封信說明原委，請求原諒。社會已經失序了，但他的行動依然守規矩。我沒有機會問歐美人對這樣的行動有什麼感想，但我想這對他們來說會覺得難以理解吧！」

「的確，如果是好萊塢電影的話，在這種生死交關的時刻，一般來說，在無人商店一定是拿了食物就走。正經八百地把錢放在櫃檯的場景有點難以想像……」

「妳不覺得主角的行動很『日本人』嗎？」

「確實是。」

「事實上，日本三一一大地震的時候，日本人高度道德意識的行動，也讓外國人感到吃驚。漫畫的世界也一樣，比普通人還膽小的主角，明明很害怕，卻依然具備道德意識，這種事情也只有發生在日本才不會讓人覺得不自然吧！

看到這些事情，我不禁覺得，我們應該以道德意識為關鍵字，打造出適合全新時代的模式，成為世界的典範，解決現在問題。」

「原來如此，我完全懂了。我也覺得我們一定做得到。但是教授，為什麼這些事情只說給我一個人聽呢？教授應該要傳達給更多的人知道才對！」

「咦，這樣嗎……這不是什麼了不起的事情。而且說到底，也是因為除了數理經濟學之外，對妳可能有幫助的，大概就是這些內容了。聽起來這麼有趣嗎？」

教授不知所措地回答。

「用這麼淺顯易懂的方式教我這種直搗本質的內容，也只有教授而已。如果可以巧妙運用教授教我的，在找工作面試時一定很有幫助！」

「對妳有用真是太好了。」

教授放心似地說。

「我一開始雖然覺得只要對找工作有幫助就好，但是現在理解了我們生存的時代有什麼意義之後，我真的覺得自己應該做些什麼，或者應該說，我清楚了解這些問題並非事不關己。我想大部分人大概都沒有察覺，所以教授應該把這些話告訴更多人！」

繪玲奈心想，幾個月前自己從來沒有想過世界會變成什麼樣子、自己到底生活在什麼樣的時代，現在竟然會講出這種話。

「這樣嗎？妳這麼覺得嗎……要怎麼做呢？」

「現在有網路不是嗎？在這個時代，要傳達多少訊息都可以！」

繪玲奈受不了了，這位宅在研究室的教授，看來似乎沒有發現自己該做的事。

「我應該採取行動嗎？」

教授稍微思考了一下。

「來行動吧！我也會幫忙的。」

「不過，該怎麼做呢？得要有具體的提案吧？」

教授陷入沉思。

「如果提出太偉大的計畫，也沒什麼現實感，從能夠簡單做到的事情開始比較好。教授前面說過，不拿退休金就難以生活的人另當別論，但有足夠資產的人應該謝絕領取吧。如果我們建議國家表揚為了未來而主動放棄退休金的人，藉此推崇道德意識，您覺得如何呢？」

「這個主意不錯！抛出道德意識的議題，或許是改變世界的第一步。比起實際上沒有用處的複雜議論，像這種單純、接近本質，只要想做輕易就能做到的事更重要。可說是大處著眼，小處著手！」

繪玲奈得到教授的稱讚有點開心。

教授接著說。

「此外，現在的老先生、老太太也與過去不同了，他們的人生變得更長了，所以為了避免他們早早退休，成為讓嬰兒養的既得利益者，應該協助他們就業。關於這件事情，我曾經看過一篇相當耐人尋味的摩斯漢堡的報導。」

「您說的是那個摩斯漢堡嗎？」

「是啊。因為年輕人口減少，速食店找員工變得越來越困難，所以摩斯漢堡採取逆向思考，反過來雇用高齡員工。結果高齡員工豐富的人生經驗，提供的細心服務獲得好評，成為想要追求舒適、溫暖的年輕人聚集的人氣速食店。」

「原來還有這種事！」

「他們稱這些高齡員工摩斯爺爺、摩斯奶奶。這個觀點和我前面提到的，在成熟化的社會中『質比量更重要』是互通的。活用高齡者的人生經驗提供高品質的服務，可以創造附加價值。如果我們都可以像摩斯漢堡一樣，建立一個老先生、老太太也能愉快工作的社會，設法解決既得利益的問題，那麼即使人口減少、社會變小，也絕對不是一件壞事。

這麼一來，人類帶給環境的負荷也會減少，打造出容易居住的社會。人口如果過度增加，會使環境負荷達到極限，所以建立一個環境負荷小的社會很重要。

為了達到這個目的，公共事業也不能再像現在一樣依循著高度經濟成長期的模式來經營。行政與社區營造等都必須以人口減少為前提來思考。國土與自然早就因為過去人口增加與經濟成長而荒廢了，新的公共事業必須從修復這些部分重新開始。

除此之外，我們也必須建造可以代代相傳的住宅，打造充滿自然環境、容易居住的市街。日本的住宅只要過了五十年，就會因為老化腐朽而失去價值，但是去到歐洲，會發現他們現在依然住在一百年前、甚至三百年前蓋的房子裡，持續使用祖先代代流傳下來的古董家具，而且公園設施完善，人們努力維持美麗的市容。他們的財富就這樣透過住宅與社會資本累積，許多歐洲國家就現金流量的基礎來看遠比日本貧窮，但生活卻很富足。面對不再成長的『全新時代』，我們必須將思考邏輯**從流量經濟，轉換成存量經濟**。」

「也就是說，我們應該打造適合這個全新時代的社會，不能再勉強經濟成長，把矛盾合理化。」

「沒錯。如果不這麼做，反而胡亂把手伸向異次元寬鬆那種有風險的毒藥，為了老先生、老太太把矛盾合理化，真的會讓事情很難收拾。這些問題都考驗著我們的智慧。

我們必須在**掙扎著想要勉強成長的世界**中，建立全新時代的模式。如果不這麼做，連地球都將無法維持下去，將演變成全人類的危機！」

「我完全了解為什麼現在的我們會對未來如此不安了。人類真的很不可思議，即使不清楚原因，還是會感受到威脅……」

繪玲奈發自內心說。

「是啊。因為這是最自然的感受，所以反映出時代與人們這種情緒

流量經濟與存量經濟

把流量想成每天的收入，存量想成過去的積蓄。假設有個人月收入二十萬日圓（流量），另一個人月收入一百萬日圓（流量），月收入一百萬日圓的人明顯較富有，但如果月收入二十萬日圓的人擁有一棟價值一億日圓的住宅（存量），月收入一百萬日圓的人卻租房子，那麼誰比較富有就很難說了。

經濟成長是把焦點放在流量的討論，因為簡單來說，要提高成長率，就是要增加每天的收入。但在經濟不再成長、流量不再增加的社會當中，把成長時賺到的流量轉換成存量就很重要。我們也必須改變想法，不應該再不斷破壞古老住宅，

的漫畫才會熱賣。社會上雖然瀰漫著莫名的不安，但只要了解不安的理由與真相，就會逐漸了解該怎麼做了。」

「總而言之，我們必須採取行動吧！」

「沒錯，就是這樣。人類經過幾千年的成長，已經達到了應該抵達的高度，社會必須改變模式。這並沒有我們想像中的困難，我們一定做得到。」

「話說回來，教授，再多教我一點東西吧！老實說，我以前對讀書或社會什麼的一點興趣也沒有，不過我現在充滿了想要學習的心情。」

「真的嗎？那麼我們可以回到數理經濟學嗎？」

「這就算了！」

繪玲奈邊擺手邊說。

「騙妳的，不會有數理經濟學的，因為我們約定好了。那麼，我就再教妳更多東西吧！」

教授笑容滿面地說。

建設新住宅，這是屬於成長型經濟模式。我們應該朝著修繕、維護可以長期使用住宅的方向前進，從流量經濟變成存量經濟。

掙扎著想要勉強成長的世界

二〇一四年二月，參加G20的各國在會議中達成共識，今後五年內將採取更大膽的政策，將國內生產毛額（GDP）提高二%。但並未討論該怎麼做，只是揭示目標就結束了。這明確顯示全世界都遭遇瓶頸，認為只要經濟成長就能解決問題，因此企圖勉強經濟成長，把矛盾合理化。

繪玲奈偶然瞥見窗外，季節已經來到初夏，樹林的綠色鮮豔，越過山腳下的市街，可以看見美麗的大海。這片海看起來應該與春天時沒什麼不同，但看在繪玲奈的眼中卻完全不一樣了。

終

Extra lesson

銀行不能創造通膨——破壞等價交換原則的風險

「那麼，現在開始進行第五堂課時提到的補課。讓我們來解開中央銀行啟動印鈔機，以為這樣就能增加金錢，創造通膨的誤會！」

「好的，麻煩教授了。」

「首先請妳了解，中央銀行能做的事，原則上就是『等價交換』。法律只允許中央銀行在購買某項資產的時候，交付同等價值的金錢。而且這個資產的價值不能變動，因此中央銀行只能購買像國債那樣價值不會改變，將來會確實償還的資產。舉例來說，如果中央銀行為了購買放在金庫總有一天會壞掉的番茄醬而印鈔票，或是為了從直升機上撒錢而啟動印鈔機，無視於等價交換原則，在不要求等值回報下製造貨幣，就會導致金錢的價值降低，造成通膨。這就形同單方面付出鈔票，在這種情況下發生的通膨，不是因為景氣變好帶來物價上漲的良性通膨，而是金錢失去信用，引發經濟混亂造成的惡性通膨，所以是被禁止的。

以《鋼之鍊金術師》的世界觀來比喻的話，就像鍊金術不能無中生有，只能改變原來物質的結構。換句話說，鍊金術受到等價交換的限制，只能在等價交換原則下進行，如果想要強行鍊製超越限制的東西，就會發生反彈現象，對施術者帶來莫大的傷害。艾力克兄弟因為想讓亡母起死回生，嘗試了超越等價交換原則的人體鍊成術，結果哥哥愛德華失去左腳，弟弟阿爾馮斯則失去了整個身體，兩人都受了莫大的傷害。

中央銀行如果破壞等價交換原則，也可能遭到『反彈』的懲罰，所以這件事是被禁止的，務必理解這一點。」

「我了解了。中央銀行就和鍊金術師一樣，只能進行等價交換，沒錯吧！」

「沒錯。接下來就讓我來說明，中央銀行在只能進行等價交換的世界中，創造出通膨的原理。」

「麻煩您了。」

「中央銀行因為景氣不好而想創造通膨時會做什麼事呢？他們會向民間銀行購買其所持有的國債，而且是期限很短的短期國債，並且支付『等價』的金錢給民間銀行作為交換。中央銀行之所以會購買期限很短的短期國債，是因為這種債券很快就能期滿贖回，在持有的這段期間內，價值幾乎可以視為沒有變動，因此與支付的金錢等價。附帶一提，這種短期國債通常在幾週至二～三個月左右就會期滿。」

「我了解。」

「請想像一下資產負債表，中央銀行這個舉動，將使自己資產中的國債增加，由於中央銀行將購買國債的錢放入存款準備金──這是民間銀行在中央銀行開設的存款戶頭──裡面，所以負債當中的存款準備金也增加了。另一方面，民間銀行資產負債表中的國債則因為中央銀行的舉動而減少，取而代之的是存款準備金增加。到此為止還可以嗎？」（次頁圖）

「可以，我聽得懂。然後呢？」

「其實，中央銀行能做的事就只有這樣。」

「什麼？這是什麼意思？」

「換句話說，中央銀行能做的，就只有跟民間銀行購買國債而已。

金融寬鬆是中央銀行與民間銀行進行國債與金錢的等價交換

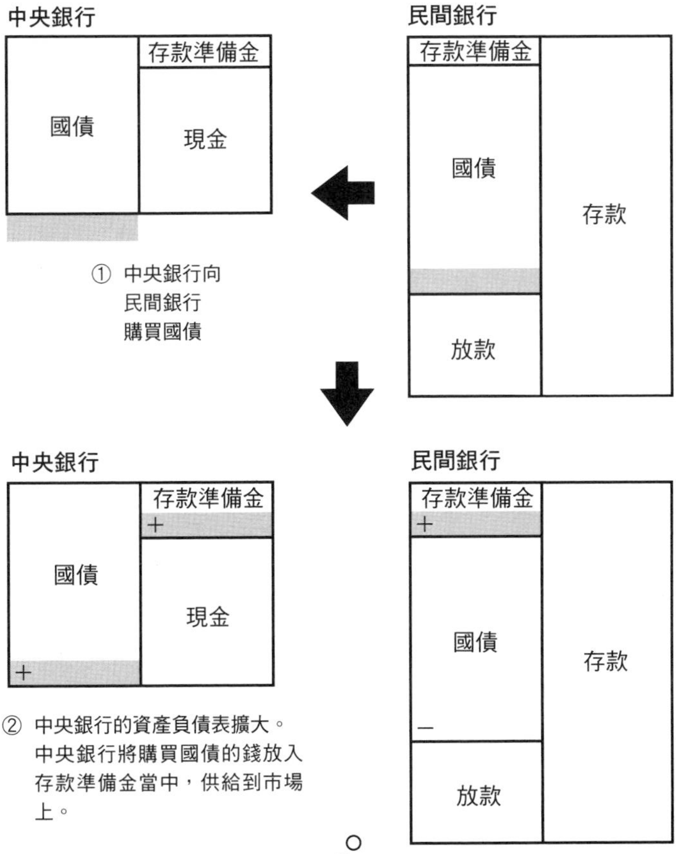

① 中央銀行向民間銀行購買國債

② 中央銀行的資產負債表擴大。中央銀行將購買國債的錢放入存款準備金當中，供給到市場上。

③ 國債減少，存款準備金增加。存款準備金不會產生利息，但國債會，所以民間銀行彼此之間會爭奪國債，把存款準備金丟給對方。這麼一來，利息就會降低。

這個階段只有中央銀行的資產負債表擴大，民間銀行的存款＝錢沒有增加。

民間銀行之後能不能用這筆錢賺到更多錢，就要看自己的本事了。通貨膨脹就是錢變多的意思，所以要達成通貨膨脹，民間銀行必須擴大自己的資產負債表，增加存款才行。但這是民間銀行自己的事情，中央銀行無法控制。」（次頁圖）

「民間銀行要怎麼增加存款呢？銀行就是把存款蒐集起來，貸款給企業的機構。如果存款集中到A銀行，B銀行的存款就會減少，整體來說不就沒有改變嗎？」

「這個部分或許就是產生各種誤會的原因。其實銀行能夠創造存款喔！」

「什麼！銀行能夠創造存款嗎？」

「沒錯。我們用資產負債表來想，存款就是銀行的負債，所以想增加存款的話，只要反過來增加銀行的資產就行了。」

「原來如此。但是該怎麼做呢？」

「只要把錢借出去就行了。事實上，只要增加貸款，負債中的存款

雖然把錢交給民間銀行……

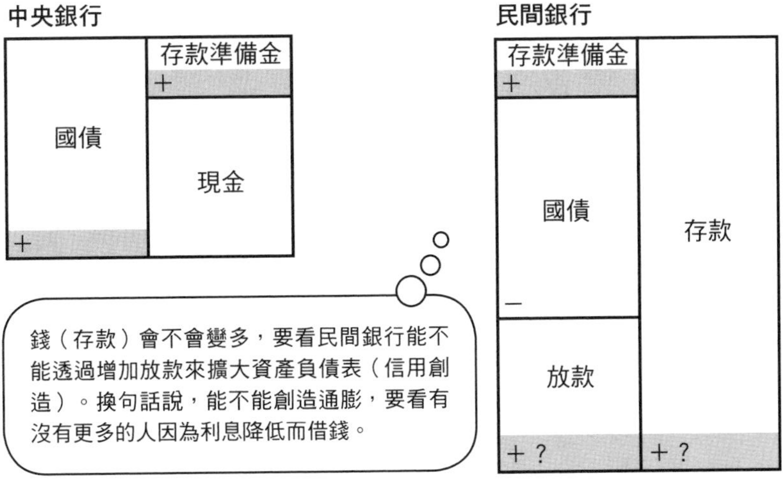
中央銀行
國債
+
存款準備金
+
現金
民間銀行
存款準備金
+
國債
−
放款
+？
存款
+？
錢（存款）會不會變多，要看民間銀行能不能透過增加放款來擴大資產負債表（信用創造）。換句話說，能不能創造通膨，要看有沒有更多的人因為利息降低而借錢。

也會增加，這麼一來，市場上的錢就會變多，也就能夠創造通膨了。」

「什麼？請等一下，我開始錯亂了。銀行的工作是把存款借出去吧？如果先把錢借出去，再增加存款，不就本末倒置了嗎？話說回來，不蒐集存款的話，怎麼貸款給別人呢？如果我要借錢給教授，必須先從別的地方把錢借來才行，不是嗎？銀行不需要先把錢借來就能貸款嗎？這樣聽起來，好像鍊金術似的。」

「要說不可思議確實很不可思議，銀行的確不需要先把錢借來就能貸款。有個專有名詞叫做『信用創造』，意思就和字面上一樣，銀行能夠『創造』出『信用』。我舉個具體的例子來說明。

假設銀行決定貸款給A先生五百萬日圓，這瞬間會發生什麼事呢？就一般的狀況來說，A先生獲得這筆貸款可能不會馬上使用，而是先存在銀行裡。」

「這是當然的。」

「這麼一來，銀行會將這五百萬日圓打印在A先生的存摺上。借給

A先生的這筆貸款也就成為銀行的資產，因此銀行的資產就增加了五百萬日圓。與此同時，A先生增加的這五百萬日圓存款則會成為銀行的負債。於是，銀行就『創造』出了『信用』，為這個世界增加了五百萬日圓的金錢。」

「請先等一下。如果A先生沒有把這筆錢存下來，而是馬上就用掉呢？」

「那麼，我們就假設A先生已經跟B先生約定好要向他買機具了，這時A先生就不會把跟銀行借來的五百萬日圓存進自己的戶頭，而是會請銀行匯進B先生的戶頭，完成購買機具的交易。如果是這種情況，銀行會這把五百萬日圓打印在B先生的存摺上，結果同樣是創造出五百萬日圓的金錢。」（次頁圖）

「那麼，銀行能不能把錢變多，創造出通膨，就要看他們能不能創造出信用嗎？」

「沒錯，就是這樣，也就是要看有沒有人想跟銀行借錢。銀行其實

信用創造的原理

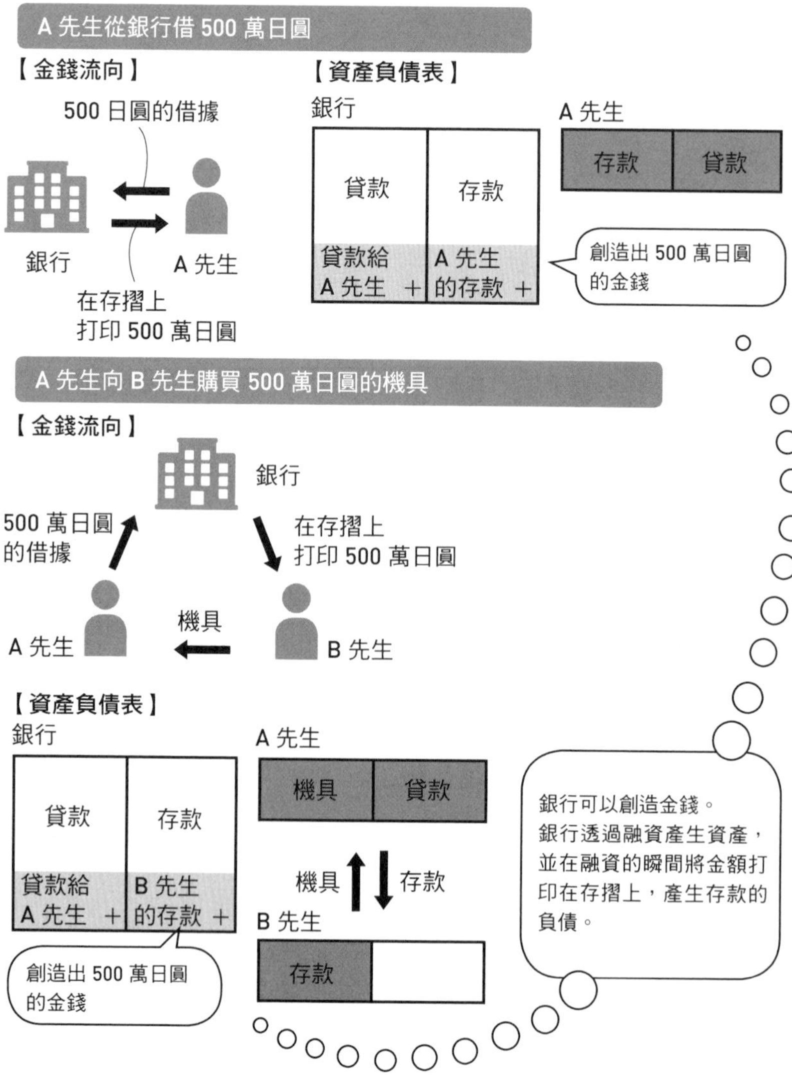
A 先生從銀行借 500 萬日圓
【金錢流向】
500 日圓的借據
銀行
A 先生
在存摺上
打印 500 萬日圓
【資產負債表】
銀行
貸款
存款
貸款給
A 先生 ＋
A 先生
的存款 ＋
A 先生
存款
貸款
創造出 500 萬日圓
的金錢
A 先生向 B 先生購買 500 萬日圓的機具
【金錢流向】
銀行
500 萬日圓
的借據
在存摺上
打印 500 萬日圓
A 先生
機具
B 先生
【資產負債表】
銀行
貸款
存款
貸款給
A 先生 ＋
B 先生
的存款 ＋
創造出 500 萬日圓
的金錢
A 先生
機具
貸款
機具
存款
B 先生
存款
銀行可以創造金錢。
銀行透過融資產生資產，
並在融資的瞬間將金額打
印在存摺上，產生存款的
負債。

也是被動的，如果沒有人想借錢的話也無計可施。」

「那麼，中央銀行在這當中扮演什麼樣的角色呢？」

「一般來說，如果利息降低，就會出現想要借錢的人。中央銀行可以控制短期之內的利息，所以會設法降息以增加貸款，這就稱為金融寬鬆。但如同前面提到的，金融寬鬆的原理是中央銀行將錢匯入民間銀行的存款準備金，用這筆錢購買民間銀行持有的國債，進行『等價交換』。對民間銀行來說，這個舉動相當於能夠生利息的國債被中央銀行拿走，換來的是無法生利息的存款準備金。所以將國債賣給中央銀行的民間銀行，會企圖購買其他民間銀行的國債，把存款準備金丟給對方。」

「也就是民間銀行彼此之間會爭奪國債的意思吧！」

「是的。這麼做的結果會使市場上的利息降低。從前只要降低利息，借錢的人就會變多，也就能夠形成通膨，所以大家都以為通膨是中央銀行創造出來的。但是，利息最低也只能降到零，當利息降到零的時候，中央銀行不管做什麼都是白費力氣。就像子彈用盡，遊戲結束。」

「遊戲結束嗎……」

「中央銀行應該也拚命表達自己已經『投降了』，但誤以為中央銀行能夠把錢變多的政治家或一般人，卻認為通貨緊縮是中央銀行怠忽職守造成的，只要中央銀行把資金注入一般銀行，就能創造出通膨。因此對中央銀行施加壓力。

這麼一來，中央銀行即使知道沒有意義，還是在逼不得已之下姑且實施『量化寬鬆』，不斷地購買短期國債，將資金注入民間銀行。但是利率已經降到零了，對民間銀行來說，只不過是把零利率的國債換成零利率的存款準備金而已，兩者並沒有差別，所以狀況不會有任何改變。

如果中央銀行遵守等價交換原則，那麼在利率降到零的情況下，即使拚命供給資金，市場上的錢也無法再增加了。以上是中央銀行無法把錢變多的說明，聽懂了嗎？」

「嗯，好難啊。好像懂了，又好像沒懂。尤其是剛才說銀行能夠創造存款的部分，還是似懂非懂的……」

「說的也是。妳的狀況我知道了。那麼，我們從更根本的部分談起吧！」

「好的。」

「妳覺得金錢的本質是什麼呢？」

「金錢嗎？不就是千元鈔或硬幣之類的嗎……」

沒頭沒腦的問題讓繪玲奈一頭霧水。

「金錢雖然是人類才有的東西，但其真正的意義與機制卻充滿了讓人似懂非懂的部分，這些部分就連經濟學也沒有定論，所以一提到錢，很容易發生錯亂。其實我們對中央銀行的誤解，也是因為對金錢的誤解所帶來的錯誤觀念。這一點妳等一下就會懂了。」

「的確，關於錢還真的很難懂。一提到金融的話題，就會因為太抽象而完全搞不清楚……」

「總而言之，我們先來看看貨幣學的課本。課本中提到，貨幣，也就是金錢，有下列三種功能：

①交易媒介

②價值儲存及支付手段

③價值標準

妳知道這三種功能各自代表什麼意思嗎？」

「我想想……①交易媒介應該是指，金錢會成為買賣東西時的中間媒介。②的意思應該是，千元鈔有一千元的價值，如果持有千元鈔，就能將這一千元的價值儲存起來，也能用來付帳。③則是可以用金錢來衡量不同物品的價值對吧？譬如原子筆與橡皮擦如果都是一百日圓的話，兩者的價值就相同。」

「沒錯！完全正確。那麼，貨幣是怎麼誕生的呢？妳覺得貨幣誕生之前，人們是怎麼做的？」

「這個嘛……以物易物沒錯吧？譬如用蘿蔔交換魚之類的。」

「但是這樣很麻煩，想要蘿蔔的人要剛好遇到想要魚的人，而且雙

不是只會簡單的以物易物而已

經濟學家卡爾．博蘭尼（Karl Polanyi，一八八六年～一九六四年）以經濟史的研究為基礎，建構出經濟人類學理論。他認為，大約西元前八世紀以前既不存在市場，也不存

方都同意以兩條蘿蔔換一條魚的比率進行交換，這根本是奇蹟了。」

「確實是如此。所以金錢不就是為了讓交換更順利而誕生的工具嗎？人們把大家都認可其價值的『錢』當成物品與物品之間的媒介。」

「就常識來想的確會這麼覺得，古典主義經濟學基於這樣的想法，認為①交易媒介就是貨幣的起源，把貨幣當成一種『物品』。但這其實是錯的，所有的誤解都源自於此。」

「咦，不是這樣嗎？」

「這是錯的。因為現在已經知道，在貨幣誕生、市場形成之前，人類就已懂得進行大規模的經濟活動，**不是只會簡單的以物易物而已**。換句話說，人類在沒有貨幣的情況下也能進行交換，所以把①交易媒介當成貨幣起源的想法是錯的。」

「要怎麼在沒有金錢、沒有市場的情況下進行交換呢？」

「舉例來說，據說人類在**美索不達米亞**平原建立了全世界第一座都市，並且創立官僚體制。當時的官員為了統治社會，已創造出本質上

在我們認知中的貨幣（如硬幣）。硬幣出現的時間是在西元前八世紀之後，地點是在小亞細亞的希臘系古國利底亞。至於希臘城邦雅典當地的糧食市場，要到西元前五世紀末才出現硬幣，而東地中海最早的國際穀物市場則在西元前四世紀末才形成。

儘管如此，人類早在貨幣登場之前就展開大規模的交易了。代表著文明誕生的數千年間，人類雖然沒有作為交換手段的貨幣，也沒有市場，卻也不是只會簡單的以物易物而已。

美索不達米亞

誕生於現在伊朗幼發拉底河與底格里斯河流域的世界最古老（西元前三五〇〇年左右）文明。

與現在相同的會計制度，並且根據計畫經濟實施分配。這就是貨幣的根源。」

「您是說『會計』嗎？」

「是啊。貨幣的起源就是會計上的『債權・債務』。我用更淺顯易懂的方式說明，假設我是種蘿蔔的農夫，御影同學是捕魚的漁夫，某天我想吃魚，就去找妳買魚。妳雖然幾天後可能會想吃蘿蔔，但現在並不想吃，這樣以物易物就無法成立吧？」

「對啊。」

「但是只要賒帳，也就是採取信用交易，就能讓這個交易成立。換句話說，我交給御影同學一張價值一條魚的『借據』，下次御影同學想吃蘿蔔的時候，只要帶著這張『借據』來找我拿蘿蔔就行了。即使沒有借據，我也可以把『我向御影同學奢了一條魚的帳』記在帳面上，透過會計的方式記錄這件事情。」

「對耶！」

「這個『借據』就是貨幣的原型。換句話說，會計上的『債權・債務』就是貨幣的起源。以前面的例子來說，就是我背負著價值一條魚的債務，御影同學握有價值一條魚的債權。這個債權當中儲存了一條魚的價值，御影同學下次想吃蘿蔔的時候，就能將其作為支付手段，購買價值等同一條魚的羅蔔。

換句話說，貨幣本質上的意義，是前述三種功能當中的②價值儲存及支付手段。達成①交易媒介功能的並不是具體的『物品』，而是『債權』，也就是抽象的『信用』。」

「請等一下，這麼一來我不就得相信教授不會賴帳嗎？」

「是啊。我這麼沒信用嗎？」

教授笑著說。

「沒這回事，如果是教授的話應該沒問題……不過，教授寫下的借據雖然可以用來跟教授買蘿蔔，但是如果想跟別人買米的話，就不能用了吧？」

「沒錯。所以到目前為止，都還只是單純的『借據』，沒有變成貨幣。想要變成貨幣，還必須獲得大家的信任，並且要可以轉讓才行。所以反過來說，貨幣就是『可以轉讓的信用』。」

「可以轉讓的信用……可以舉例說明嗎？」

「也就是由大家都信任的人來發行借據。舉例來說，如果給出借據的不是我，而是國王，那麼國王的信用就能讓這張借據成為支付白米的手段，也就變成貨幣了。而國王之所以能夠讓人信任，是因為擁有政治上的權力，能夠強制向民眾徵收稅金。」

「這樣我就懂了。」

「如果國王認真做就好了，但要是國王亂來，以為自己不管寫多少張借據都能通行，企圖無止盡地發行借據購買商品；或是製作硬幣時偷工減料，把硬幣成分中的貴金屬據為己有，民間就會基於自我防禦而不再使用國王發行的貨幣，並且建立起互信的網路。換句話說，商人會把對顧客與對供應商的債權．債務記在帳本中，每隔一段時間就結算，將債權與債務相互抵銷，並將結餘累積到下一期的紀錄，藉此對抗失去信用的貨幣。」

「但這麼一來，參與這個網路的人都必須是彼此認識、能夠互相信任的人吧？」

「妳說的沒錯，這時候發明出來的就是**銀行**。參與網路的人建立『銀行』這個大家都能信任的機構，擴大相互信任的框架，在這個框架中進行結算。

說到這裡，為了讓妳理解剛才提到的『信用創造』是怎麼一回事，讓我們重新思考銀行做的事情。假設我向銀行申請融資，銀行會審查我的信用，如果他們覺得沒有問題，就會融資給我。這時候銀行就有我的債權，我則背負銀行的債務。我的借據因為有銀行這個大家都信任的機構背書，所以就變成『可以轉讓的信用』，也就是貨幣。乍聽之下或許會覺得這很像鍊金術，但簡單來說，其實就是銀行以自己的信用，將一般的債權轉變成具流通性的貨幣。這就是信用創造的原理。」

銀行

在此將銀行的功能做個整理。銀行的資產是融資或債券等「借據」，負債則是存款或發行支票等「借據」。「借據」存在著「信用風險」與「流動性風險」。銀行透過管理資產「借據」與負債「借據」的「信用風險」與「流動性風險」來獲得收益。

「原來如此！我終於懂了。」

「接著，我們再來談談中央銀行是怎麼誕生的。銀行再怎麼擴大互信的網路，還是有極限，銀行發行的貨幣還是無法在自己的網路之外流通。這時候，英國想到要建立一個背後有國家信用當靠山的半官半民銀行，那就是**英格蘭銀行**，也是世界最早的中央銀行。英國國王授權中央銀行製造貨幣，因此中央銀行發行的貨幣獲得了國家信用的背書，成為到處都可以流通的貨幣。這就是現在的貨幣制度的原型。

我再重複一次，希望妳能了解最重要的一點，金錢就是『信用』。由於金錢靠著抽象的信用流通，所以貨幣發行者的信用非常重要。也就是說，中央銀行身為貨幣發行者，信用不得受損是最大的原則，所以才有只能進行等價交換的規定，也必須獨立於政治。」

「我懂了！換句話說，如果中央銀行違背等價交換原則，可能會蒙受損失，也可能把錢借給亂來的國王。而中央銀行如果失去信用，就相當於貨幣失去信用，這麼一來事情就難以收拾了。」

英格蘭銀行

英格蘭銀行是英國為了拯救瀕臨破產的國家財政，所建立的半官半民銀行。銀行協助國王填補財政漏洞，國王則給予銀行發行貨幣的特權，雙方建立互惠的關係。在說明世界體系理論時雖然沒有明確提到，但英國由於成立了英格蘭銀行，所以比其他國家更容易調度戰爭經費。因為對其他國家來說，國家的債務就是「國王的私人債務」，但英格蘭銀行的成立，讓國家債務從國王的私人債務變成是「議會背書的國民債務」，因此信用度更上一

「沒錯。所以就像我一開始說的，如果中央銀行為了購買放在金庫總有一天會壞掉的番茄醬而發行貨幣，這就不是等價交換了。這個行為會使貨幣失去信用，人們不願意使用貨幣，經濟也會因此陷入嚴重混亂，物價上漲，造成惡性通膨。這就是無視等價交換原則的『反彈』。所以正常情況下，中央銀行不會自己背負風險，而是由旗下的銀行背負風險，進行放款，創造信用。換句話說，中央銀行的角色就像守護體制的守門員一樣。」

「也就是銀行是前鋒，中央銀行是守門員吧！」

「嗯，大致來說是這樣沒錯。就像我剛才所講的，錢增加就代表信用擴大，因此借錢的人必須變多才行。而能不能做到這點，就要看銀行能不能把錢借出去。反過來說，也是要看有沒有人想借錢。

換句話說，即使中央銀行透過購買國債的方式**把錢注入銀行**，如果銀行沒有把錢借出去，也就是沒有人想借錢，**整體市場上的錢**也不會增加。這個理論在實務家的世界中是理所當然。」

層樓。英國由於建立了這個比其他國家更先進的金融系統，所以在調度戰爭經費方面具有優勢，並藉此走上霸權國家之路。

附帶一提，或許有些人會質疑，世界最早的中央銀行不是瑞典中央銀行嗎？但瑞典中央銀行的性質與現在的中央銀行不同，與其說是國家銀行，它更像是民間銀行。因此我認為英格蘭銀行才是世界首座中央銀行。

把錢注入銀行
中央銀行供給銀行的錢稱為強力貨幣或貨幣基數。

整體市場上的錢
也就是貨幣供給。

「但一般人對錢的印象就是紙鈔、硬幣這些具體的『東西』，所以會覺得只要中央銀行啟動印鈔機就能讓錢變多，也才會認為就是因為中央銀行什麼都不做，才會造成通貨緊縮。」

「沒錯。御影同學已經理解金錢是什麼了，但如果對一般人說金錢就是『信用』，他們可能會一頭霧水。」

「真的。」

「政治家也一樣。關於金錢的金融政策，是專業且困難的話題，很難期待每個國民都能理解。話說回來，其實很多身為金融專家的市場關係者，也沒有確實理解金融政策。就連避險基金專家**喬治·索羅斯**發表的言論都有邏輯上的錯誤，只不過就他的情況來說，或許是不懷好意，企圖透過言論來煽動、欺騙無知的人。所以中央銀行必須是不受政治力介入的獨立機構。」

「但是安倍政權破壞了這個規則嗎？」

「是啊。但是就日本的情況來說，日銀的人事權由國會掌握，預算

喬治·索羅斯（George Soros）

知名的索羅斯基金管理公司的創立者。索羅斯發明的索羅斯圖表經常在外匯市場上成為話題。索羅斯圖表的基本概念，以日圓對美元為例，就是比較市場上的日圓量與美元量，若日圓比美元多，則日圓貶值，美元比日圓多，則美元貶值。這個思考方式乍看之下是正確的，但問題在於，索羅斯比較的不是整體市場上的貨幣總量，即貨幣供給（民間存款與現金），而是比較中央銀行供給的貨幣總量，也就是貨幣基數（存款準備金與現金）。如同本章的說明，在零利率的情況下，即使中央銀行供給的金錢總量（貨幣基數）增加，也不保證整體市場上的金錢總量（貨幣供給）一定會增加。所以索羅斯圖表在理論上是錯

權由財務省掌握，所以所謂的獨立也只是原則上而已。只不過，之前的政治家當中都有熟悉經濟，了解日銀立場，也具備協調能力的人，所以一直沒有發生什麼大問題。但現在沒有這樣的人，日銀要堅守立場也變得更困難。結果通貨緊縮變成是日銀怠忽職守的錯，大家把所有的責任都推到日銀身上。」

「但是，新總裁黑田先生明明是熟悉經濟的財務官員，為什麼會聽從安倍政權的指揮，答應讓日銀努力救經濟呢？」

「如同我前面說明貨幣時提到的，經濟學對於貨幣的見解也有分歧。凱因斯學派雖然認為金錢會對實體經濟帶來影響，但經濟學中屬於保守主流的古典主義、新古典主義，以及衍生的貨幣主義都將**貨幣數量學說**當成基本想法，認為金錢只不過是一層面紗，不會影響實質的經濟活動，只要貨幣增加，就會形成通膨。

這兩種想法的差別就在於，到底是把貨幣當成用來儲存價值的『信用』，還是用來交換物品的『東西』。古典主義和貨幣主義都認為錢是

的。但索羅斯不可能搞不清楚貨幣基數與貨幣供給的差別，因此我們可以懷疑，他是利用宣傳索羅斯圖表，將不了解經濟理論的一般大眾捲入外匯市場，藉此從中獲利，是一種經濟犯罪的行為。

貨幣數量學說

貨幣數量學說能夠用MV＝PY的交換方程式表示（M：貨幣供給；V：貨幣流通速度；P：物價水準；Y：實質GDP；PY：名目GDP）。貨幣流通速度（V）是指所得產出的過程中，投入這個經濟活動的貨幣（M）循環了幾次。單純的貨幣數量學說會設V為常數，所以只要實質國民所得（Y）沒有改變，貨幣（M）供給越多，物價（P）也會以等比例上漲。

用來交換物品的『東西』，不會影響實質的經濟活動，只要增加錢的供給量，就能創造通膨。」

「但教授您剛才不是說，把錢當成『東西』是一種誤解嗎？」

「是啊，所以就我的觀點來看，古典主義和貨幣主義明顯是錯的。但是貨幣主義的米爾頓·傅利曼（Milton Friedman）得了諾貝爾獎，建立起貨幣主義的權威，並成為美國的主流。證據就是，美國選擇了貨幣主義經濟學家擔任相當於中央銀行總裁的聯準會主席。前主席班·柏南奇支持貨幣主義，現任主席珍妮特·葉倫（Janet Yellen）也沿襲柏南奇的方針。柏南奇在日本陷入通貨緊縮的時候，曾經批評日銀的量化寬鬆太保守，據傳他還說過這樣的話：『如果購買金融資產仍不足以讓中央銀行將貨幣注入市場，可以直接購買番茄醬，增加貨幣供給量，讓物價上漲！』」

中央銀行是否能讓錢變多的爭議，以一九九〇年代初期，當時的日銀調查統計局企畫調查課長翁邦雄，與上智大學教授**岩田規久男**掀起的

中央銀行是否能讓錢變多

關於中央銀行能否讓錢變多的問題，標準的總體經濟學課本也是這麼寫的：「中央銀行提高貨幣基數，民間銀行就能創造信用，增加貨幣供給。」換句話說，這種寫法會散播中央銀行能夠控制貨幣供給的錯誤印象。我在透過實務了解中央銀行的機制之前，也曾經這麼誤解。

岩田規久男

現在的日銀副總裁。

『翁—岩田論爭』最為人知。

對實務家來說，貨幣是『信用』，不是中央銀行可以控制的，但部分經濟學家並不贊同這個論點。

美國的經濟學在這二十年來幾乎獨占了諾貝爾經濟學獎，所以中央銀行可以創造通膨的主張成為權威，**反對者也變得越來越沒立場**，這產生了非常嚴重的問題。我想黑田總裁也沒有中央銀行的實務經驗，只不過受到部分經濟學家的強烈影響，堅信中央銀行可以創造通膨。如果不是這樣的話，就無從得知他為什麼會在四票反對的情況下，還是強行實施第二次異次元寬鬆。」

「但是根據教授的理論，利息如果降到零，不管再做什麼努力都沒有用了吧？」

「雖然子彈用盡，但還是有可以做的事情。因為通貨緊縮已經到了無可救藥的地步，讓人們產生了莫大的不安，於是開始有人提出這樣的論調：現在已經不是害怕『反彈』的時候了，在這種情況下只好破壞等

反對者也變得越來越沒立場

聯準會前主席班·柏南奇決定實施量化寬鬆，購買更多美國國債時，曾如此反駁批評聲浪：「若傅利曼先生在世，想必也會希望我們做這些努力。」他搬出已故諾貝爾經濟學獎得主米爾頓·傅利曼來擁護聯準會擴大刺激景氣的政策。（出處：彭博新聞，二〇一〇年十一月七日）

價交換原則，背負風險，不惜一切代價都要改善景氣。」

「唔……」

「結果就變成，如果民間銀行不願意背負風險的話，就由中央銀行來承擔！最後發生前面提過的，守門員比前鋒更積極地想進攻得分。不能失去信用的中央銀行背負起可能會失去信用的風險，要是失敗而產生虧損的話，這筆損失就得由國民負擔。儘管如此，大家都沒有認知到風險，還以為金融政策是『免費』的。」

「具體來說，日銀做了哪些事呢？」

「首先出現這樣的建議：雖然利率降到零了，但這指的是短期利率，長期利率應該還有調降的空間吧？所以中央銀行何不挹注更多的資金，連長期國債一起買下來，讓長期利率也變成零呢？

短期國債與存款準備金之間的交換是等價的，所以不會發生什麼問題，但**長期國債就沒有這樣的保證了**。假設中央銀行購買了每年利率一%的十年期國債，如果將來經濟環境改變，十年期國債的利率變成

長期國債就沒有這樣的保證了

日銀支付民間銀行存款準備金購買長期國債的行為，就和發行短期國債購買長期國債是一樣的。這稱為期限錯配風險。

三%，那麼對於中央銀行來說，每年只能獲得一%的利息，實質上就是重大虧損。現在中央銀行向民間銀行大量購買這種長期國債，連難以想像的遙遠未來的利率都固定下來，就相當於抱著**虧大錢**的風險。

因為有這樣的風險，中央銀行購買的國債其實價格應該要稍微便宜一點才合算。但實際上，由於中央銀行計畫向銀行大量購買國債的關係，反而因為需求緊迫而逐漸拉抬國債的價格。中央銀行不斷地以高價購買原本應該便宜出售的國債，所以距離等價交換越來越遠，也增加虧損的可能性。」

「那麼，黑田總裁之前的白川總裁時代，日銀就不曾購買長期國債嗎？」

「之前日銀也會購買長期國債，但有嚴格的限制，這個限制稱為『銀行券規則』，規定長期國債的持有額不得超過紙幣的發行額。」

「這是什麼意思呢？」

「紙幣沒有利率，如果把紙幣當成負債去購買長期國債，就不需要

虧大錢

嚴格來說，在中央銀行的會計規則中，國債採用原價法紀錄，在贖回之前不會計算損益，因此不會出現會計上的損失。但如同上述例子所示，若中央銀行升息，使利息提高到三%，中央銀行付給民間銀行存款準備金的存款利息（稱為附息），或許就會提高到一%以上。這麼一來，中央銀行相當於為了持有年息一%的國債，而支付一%以上的成本。換句話說這是本末倒置，最後終將出現損失。

支付利息，這麼一來，即使途中出現虧損也沒關係，只要一直持有國債直到期滿贖回，就能領回本金，絕對不會出現損失。所以只要持有的長期國債額度低於紙幣的發行額，就絕對安全。」

「原來如此。」

「但黑田總裁為了大量購買長期國債，廢除了這條規則。換句話說，他取下了安全裝置，開始背負風險。

反過來說，日銀購買民間銀行持有的長期國債，也相當於將民間銀行承擔的風險墊高了。因為民間銀行迫於收益，不得不去購買風險更高的商品，譬如股票或不動產。這時如果日銀再大量購買股票，或許股價就會上升。但無論如何，這都是人為調降利息，操作市場。」

「但即使股價上升，也和景氣是否真的變好是兩回事吧？」

「是啊。想要創造真正景氣變好的通膨，必須有更多的人借錢，讓『信用』擴大才行。金融政策原本就只是輔助引擎的功能，雖然能夠有效地抑制利率提升、景氣萎縮與通貨緊縮，但對於刺激、改善景氣來說效果還是有限。這和『我們可以把馬牽到水邊，卻不能強迫牠喝水』，道理是一樣的。

我再強調一次，就算利息調降，日銀也無法強迫銀行放款。對企業來說也一樣，即便利息調降到〇・五％好了，企業也不可能只因為利息低就增加投資，因為投資收益的震盪幅度更大。而且現在重要的是，企業都有多餘的錢，所以即使利息降低，也**沒有借錢的需求**。」

「這就像是把不想喝水的馬強行拉到水邊一樣嗎？」

「到零利率為止是如此，但實施異次元寬鬆，或許可以說是把馬的頭用力壓進水裡，強迫牠喝水。」

「好暴力……這麼做也只會讓馬掙扎吧……」

「到了這個地步，最後的手段就是如果民間銀行不放款的話，日銀就自己放款，創造信用，把錢變多。」

「這是什麼意思？」

「如果想把錢變多，創造通膨，就必須要有人借錢，但借錢的人不

沒有借錢的需求

即使企業會因為利息降低而借錢，但日銀做的事情依然是在隔靴搔癢。因為第一次異次元寬鬆已經將十年內的利率拉低到極限，短期利率也變成負的。第二次寬鬆雖然延長國債買入的期限，將十年以上的利率也降低，但這沒有意義。因為一般企業的投資都在十年以下，延長二十年、三十年的利率，也不會提高企業貸款的意願。

一定要是企業或個人，也可以是國家或地方政府。銀行把錢借給國家，讓國家進行公共投資，就和把錢借給A先生或B先生是一樣的，都能創造信用，增加存款準備金。（次頁圖）

銀行不一定要是民間銀行，所以日銀只要直接貸款給國家，讓國家用這筆錢實施**財政政策**就行了。」

「但這不是違反規則嗎？」

「是啊，就和不能把錢借給亂來的國王一樣，如果這麼做的話，政治家或許會為了討民眾歡心而亂撒錢，譬如為了鋪一條沒有用、也不會產生收益的道路而借錢，做一些相當於把錢丟進水溝裡的事情。不僅如此，日銀是政府出資的銀行，難以違抗政府的命令，如果直接借錢給政府的話，也或許還會採取對政府有利的條件，像這樣的行為就稱為『政府債務貨幣化』，是被禁止的。

所以日銀借錢給國家，也就是購買國債時，必須以適當的價格。」

「要怎麼知道價格適不適當呢？」

財政政策

反過來說，有能力把錢變多、自由創造通膨的其實是政府，而不是中央銀行。換言之，能夠引起通膨的，與其說是金融政策，還不如說是財政政策。

「國債市場參與者的交易價格，是**綜合各種因素決定出來的**，只要用這個價格進行交易，就不會有債務貨幣化的問題。換句話說，國家不管在市場上貸款，還是跟日銀貸款，貸款水準都一樣，日銀並沒有在購買國債的時候給予國家特別的幫助。」

「您的意思是，如果日銀用市場價格買賣國債就不會有債務貨幣化的問題，所以沒關係嗎？」

「沒錯。日銀以市場價格在可以自由買賣的範圍內買賣國債，就不會有債務貨幣化的問題發生。然而，日銀現在幾乎買下了所有政府發行的國債，扭曲了市場的需求，抬高國債的價格。日銀相當於以**偏離適當水準**的不當高價購買，幫助國家財政。這樣的行為就像一腳踏進債務貨幣化的危險中。

現在日銀購買國債依然是依據市場價格，還可以堅稱自己並沒有將政府債務貨幣化。的確，想要明確知道日銀到底有沒有將政府債務貨幣化，就要等到不得不賣國債的時候了。」

綜合各種因素決定出來的

舉例來說，如果政府隨意撒錢使財政惡化，也會影響市場價格。

偏離適當水準

日銀大量購買國債可能會扭曲國債市場，讓人搞不清楚適當的價格，這是非常嚴重的副作用。如果政府不斷地增加無謂的財政支出，出售國債會成為警訊，人們也會發現不能再增加財政赤字了。但如果日銀大量購買國債，為國債護盤，這個警訊就不會出現。換句話說，大家都不會發現財政赤字可能已經擴大到撐不住的地步，國債就存在著有一天會突然崩盤的風險。

民間的錢變多的原理 ①

中央銀行購買國債的情況

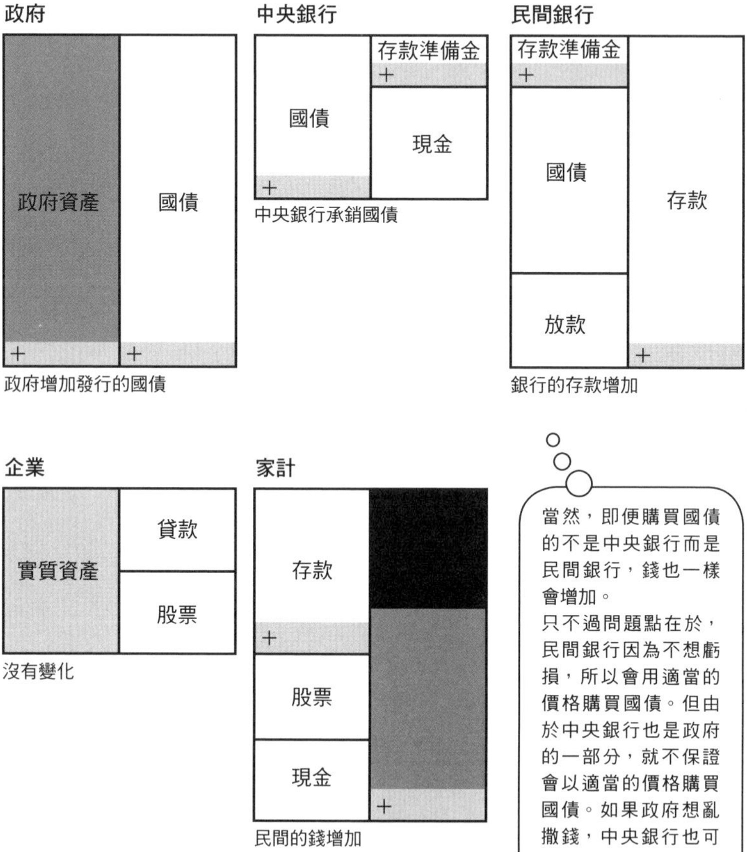

當然，即便購買國債的不是中央銀行而是民間銀行，錢也一樣會增加。
只不過問題點在於，民間銀行因為不想虧損，所以會用適當的價格購買國債。但由於中央銀行也是政府的一部分，就不保證會以適當的價格購買國債。如果政府想亂撒錢，中央銀行也可能會借。所以應該禁止這種由中央銀行承銷國債的行為……

民間的錢變多的原理 ②

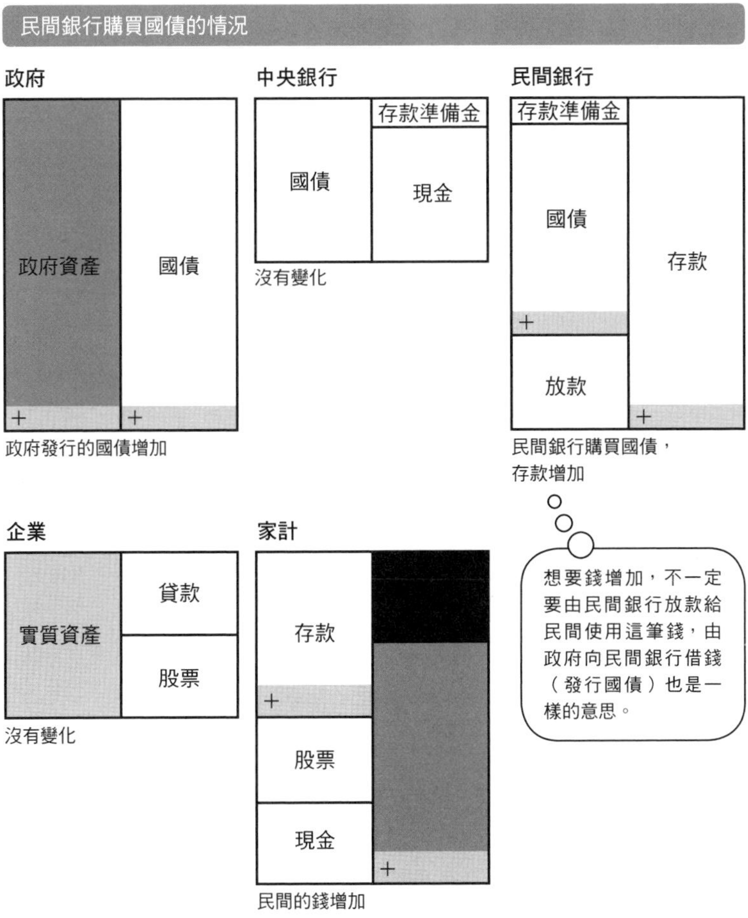
民間銀行購買國債的情況
政府
政府資產
國債
+
+
政府發行的國債增加
中央銀行
國債
存款準備金
現金
沒有變化
民間銀行
存款準備金
國債
+
放款
存款
+
民間銀行購買國債，
存款增加
想要錢增加，不一定要由民間銀行放款給民間使用這筆錢，由政府向民間銀行借錢（發行國債）也是一樣的意思。
企業
實質資產
貸款
股票
沒有變化
家計
存款
+
股票
現金
+
民間的錢增加

「不得不賣的時候嗎？」

「是的，日銀買國債，是在幫助政府將國債換成現金，所以政府不會抱怨，但不得不賣的時候，日銀與政府就有利益衝突。所謂『不得不賣國債的時候』，指的是通貨膨脹太過嚴重，必須緊縮市場，如果這時候政府不讓日銀自由地在市場上賣出國債，就可以知道日銀確實是在幫助政府財政，債務貨幣化就很明確了。而且，現在持有的國債已經不是可以賣到市場上的規模，日銀不可能自由地將國債在市場上出售。換句話說，日銀現在是『進得去，出不來』的狀況。」

「人民把一切都交給政府和中央銀行，結果卻在不知不覺中承擔了莫大的風險啊！」

「一點也沒錯。支持異次元寬鬆的人會質問『股價也上漲了，你們還要反對什麼』，不然就是像安倍總理的發言，要反對者『提出更好的對策』。然而，採取這麼暴力的政策，一開始當然能讓股價上漲，看似順利也不足為奇。

但異次元寬鬆獲得的報酬，真的能夠抵銷承擔的風險嗎？我們只有在異次元寬鬆這種不可能永遠持續下去的異常狀態解除，回到正常狀態的時候，才能知道**總風險與報酬**。只要不是『等價交換』，最後是獲利還是損失，只有天知道。

只不過依照常理來想，現在是日銀自己把國債的市場價格墊高，一旦他們停止購買國債與股票，價格就有可能暴跌。不要說國債暴跌、長期利率上升、股價下滑讓一切都打回原形，甚至只求不出現嚴重的損失就謝天謝地了……而且最後的結果，可能連中央銀行絕對不能受損的『信用』都受到損害。」

「進得去，出不來……關於這點黑田總裁有說什麼嗎？」

「他只說退場時機還早，並沒有表示明確的意見。老實說我也不知道他有什麼打算，所以非常不安，但可以肯定，到了開始退場時，就會知道整體的成果與成本。現在不討論退場，以醫生來比喻，就像突然對患者注射強烈的藥物，卻沒有先跟患者說明：『現在事態緊急，雖然使

總風險與報酬

有交易經驗的人就很清楚，如果持有市場上過多的部位，就算中途賺錢，也不知道最後能不能獲利，是否有人會願意以相對高價買下。所以交易中，最重要的是「退場策略」，在買進之前必須先考慮這一點。異次元寬鬆的整體損益必須在回到普通世界時才會知道。站在投資者的眼光來看，日銀在沒有「退場策略」的情況下，持有超巨額部位、墊高市場價格的暴衝行為，令人難以置信。

用的藥物有風險，但療程全部結束後，絕對不會有不良的副作用，請放心。』因為他們覺得這麼難的東西患者聽不懂，所以就不說明。這違反了告知後同意法則，要是事情不順利的話該怎麼辦。」

「所以反過來說，黑田總裁堅信事情絕對會順利嗎？」

「如妳所說的，他應該堅信中央銀行能夠創造通膨，改善景氣……我之前也說過，不了解中央銀行實務的經濟學家，塑造了中央銀行可以創造通膨的誤解。不只一般人覺得經濟學難懂，政治家也同樣這麼覺得，他們會相信諾貝爾經濟學獎得主的理論是正確的，也是沒有辦法的事。但是我不得不懷疑，這是看準一般人不懂所進行的政治利用。」

「『不用擔心，這是諾貝爾經濟學獎得主說的，跟著做一定有好處的』，是這種感覺嗎？就好像名人代言的廣告啊！」

「日本政府就是這樣隨著權威起舞。海外媒體，特別是美國，看到相信貨幣主義的黑田總裁登場，之所以會讚不絕口，或許就是因為日本終於使用自己推薦的藥物吧？」

「這麼說，讓日本政府隨著權威起舞的就是美國嗎？」

「我們應該認真思考，美國是不是把最早遭遇困境的日本當成實驗品，他們看到日本開始通貨緊縮、經濟停滯不前，或許覺得這是個好機會，可以看看如果注入『危險藥物』會發生什麼事情。

非常遺憾的是，我們有盲目相信美國權威的壞習慣。就像我前面說的，日本是全世界最早觸碰到問題的國家，是『先進國家中的先進國家』，就算聽美國的意見也沒有用，甚至應該反過來思考被欺騙、被利用的風險。

我們必須思考，即使利息降到零，人們依然寧願儲蓄，不願意投資，這透露出什麼訊息。一味地認為中央銀行做得還不夠，想要透過貨幣來解決問題，是極為取巧而危險的想法。」

「看準一般人不懂，最後可能發生預料不到的事情啊！」

「是啊。人類面對未曾經歷過的全新時代而不知所措，只好抱著遭受『反彈』的覺悟，嘗試被禁止的鍊成術……」

後記

二〇一三年夏日，我接到以前公司的前輩打來的電話。

前輩跟我說他上電視了，希望我可以看看。

他從美商投資銀行辭職之後就出來自己創業，他也成為Mothers上市公司社長。之後業績不斷走紅，公司也爬到東證一部，因此電視節目要採訪他的公司。

我看到這位社長在電視節目上說，他接下來要積極投資。他的根據就是「通膨的時代」即將到來。

社長拿出他自己製作的股價圖表。他為了製作這張圖表表蒐集了明治時代以來大約一百年左右的股價數據，看來是費了一番苦心。他以自己的理論來解釋日本長達二十年的通貨緊縮時代終於結束，通膨的時代即將到來。

「你覺得怎麼樣？」後來他寄電子郵件給我，問我的感想，我不知道該怎麼回答。

我想如果讀了本書就會知道，我的想法與他完全不同。

但這不是簡短的電子郵件就可以說清楚的事情，而且他也已經決定要積極投資了，在解釋不清楚的情況下潑他冷水，害他掃興，也不能改變什麼，所以我只是模糊地回答他：「我學到了很多。」

事實上，我就是在那時候萌生寫這本書的想法。

我對於社長認為接下來會通膨的理論沒有特別的異議。我有異議的是導出這個理論的數據資料的時間跨度。就一般的角度想，要觀察事物的大局，一百年的時間應該已經夠了。

但我認為，我們生在一個變化劇烈的時代，因此必須觀察數千年，至少也要五百年的時間軸，一般認為已經夠長的一百年還是太短了，只能見樹不見林。

這件事情讓我開始思索，世界上絕大部分的人似乎都沒有掌握到我們現在面臨巨大的時代變化，依然以這幾百年來理所當然的成長為前提在思考。

未來是與從前截然不同的時代，典範正在轉移，我們必須與過去的常識訣別，打造一個符合新時代的社會。儘管如此，現在卻違背這樣的形勢，還在執行為既得利益者打造的政策，犯下今後無可挽回的錯誤。

我能不能讓與上述這些事情最具利害關係的二、三十歲年輕人，或是讓父母親世代了解本質的問題是什麼呢？因為孩子必須擁有未來。我能不能讓他們知道這些事情並非事不關己，自己正是受到最大影響的當事人，促使他們認真思考今後該如何活下去，提供他們解決的方向呢？這正是我寫這本書最初的動機。

現在的日本有很多作為都讓我忍不住心想：「太平洋戰爭的時候就是這種感覺吧？」

生活在現代的我們已經可以客觀地理解，當初日本在逼不得已之下發動太平洋戰爭，挑釁美國，是多麼魯莽的事情。

一般會認為，發動必敗之戰的日本領導階層全是莽夫，沒有任何一位是理性思考的知識份子。但實際上，當時的日本有很多知識份子對狀況有正確的理解，知道這樣的行為有勇無謀，這是不爭的事實。

然而，認為日本朝著必敗之戰這個錯誤方向前進的反對意見雖然是理性的，卻被狂熱吞沒，而這樣的言論也遭到管制。

現在的世界不就像是在逼不得已之下用「沒有其他理由」當藉口，發動一場打不贏的戰爭嗎？我想只要讀了本書，就能感受到相似之處。

現在這個世界就像當初太平洋戰爭的時候一樣，明知是一場必敗之戰卻不承認，還說服年輕人加入特攻隊，流下無意義的鮮血。如果現在這個世界也同樣朝著必敗的結果前進，我們不是應該制止嗎？

我在外商投資銀行的工作經驗幾乎都是利息交易，簡單來說，就只是個監看市場走勢的人，原本並不是寫作的料。

但市場是一面反映出世間百態的鏡子。

我希望能夠盡可能讓更多的人知道，我一直以來透過這個市場思索的——我們生活在什麼樣的時代與世界，以及這個世界未來會變成什麼樣子。因此我盡量用最簡單易懂的文字，以小說的形式書寫。至於在我看來稍微專業一點的金融政策相關知識，則以「補課」獨立成章。

此外，或許也有很多人會覺得不可思議，曾經待過外商投資銀行的人，為什麼會強調「國家」呢？

現在的人認為「國家」會永遠存在是天經地義。但這絕非理所當然，而是一件非常幸福的事情。我與失去國家的民族的人一起工作，有著深刻的感受。金融業當中有很多猶太人與華僑，他們都失去了國家與故土，這些民族的歷史之嚴峻，遠超過我們的想像。

為了不變成失根的民族，我們必須珍惜這個美好國家，即使犧牲自己的利益，也要顧慮全體的利益，給子子孫孫繁榮的未來。

我在撰寫本書的時候，真的受到許多人的照顧。

內海寛先生是我在德意志證券時的同事，現在任職於美國避險基金Triple I Offshore Advisors。他提供我近代世界體系理論的寶貴資料，並且參與本書大綱的討論。

森田長太郎先生從我任職於德意志證券以來，就長年教導我關於市場、經濟、歷史等包羅萬象的知識，他現在是SMBC日興證券的首席利息策略家。他向我介紹「恆常經濟學」，給我許多寶貴的意見。

福田竹弌先生是藪內流隨竹庵的茶師，這個流派將利休時代的茶風忠實流傳到現代，其始祖是與千利休的師出同門的藪內劍仲。福田竹弌先生傳授我「茶道」的世界。

此外還有許多人閱讀原稿，給我寶貴的意見，在此族繁不及備載。

我也要感謝鑽石社的責任編輯橫田大樹先生，他接受我任性的要求，挑戰史無前例的企畫。還有鑽石社的池田光史先生，他為我介紹橫田先生，並且鼓勵我寫這本書。因為有他們的幫助，本書才得以完成。

二〇一五年一月　松村嘉浩

為什麼現在的我們對未來如此不安？——寫給年輕人的經濟現況，找回你的人生原力／松村嘉浩著；林詠純譯 .-- 初版 .
-- 台北市：時報文化，2016.01；256 面；14.8╳21 公分 .--（NEXT 叢書；229）譯自：なぜ今、私たちは未来をこれほど不安に感じるのか？—— 千年に一度の経済と歴史の話
ISBN 978-957-13-6527-5（平裝）
1. 經濟學　2. 經濟情勢

550　　104029131

NEXT 叢書 229

為什麼現在的我們對未來如此不安？——寫給年輕人的經濟現況，找回你的人生原力

なぜ今、私たちは未来をこれほど不安に感じるのか？——数千年に一度の経済と歴史の話

作者　松村嘉浩｜**譯者**　林詠純｜**主編**　陳盈華｜**編輯**　劉珈盈｜**美術設計**　POULENC｜**執行企劃**　侯承逸｜**董事長・總經理**　趙政岷｜**總編輯**　余宜芳｜**出版者**　時報文化出版企業股份有限公司　10803 台北市和平西路三段 240 號 3 樓　**發行專線**—(02)2306-6842　**讀者服務專線**—0800-231-705・(02)2304-7103　**讀者服務傳真**—(02)2304-6858　**郵撥**—19344724 時報文化出版公司　**信箱**—台北郵政 79-99 信箱　**時報悅讀網**—http://www.readingtimes.com.tw｜**法律顧問**　理律法律事務所　陳長文律師、李念祖律師｜**印刷**　勁達印刷有限公司｜**初版一刷**　2016 年 1 月 29 日｜**初版三刷**　2016 年 3 月 16 日｜**定價**　新台幣 300 元｜行政院新聞局局版北市業字第 80 號｜